Paula Lambert, geb. 1974, ist Moderatorin und Bestsellerautorin, u. a. des erfolgreichen Selbstliebe-Ratgebers *Finde dich gut, sonst findet dich keiner*. Sie hat an der Axel Springer Akademie in Berlin ihr journalistisches Handwerk gelernt, war Redakteurin bei der *Welt* und arbeitete als freie Autorin u. a. für *Geo, Die Zeit, mare* und *Emotion*. 1999 wurde sie mit dem Axel-Springer-Preis ausgezeichnet. Sie hatte 12 Jahre lang eine Kolumne in der *GQ* und wurde durch ihre TV-Sendungen *Im Bett mit Paula* (ZDFkultur) und *Paula kommt* (Sixx) bekannt.

Wie in ihrem Podcast *Paula KOMMT – Podcast des Scheiterns* macht Deutschlands bekannteste Beziehungsratgeberin auch in ihren Büchern Mut, die eigenen Grenzen zu überwinden und zu Selbstliebe, erfülltem Sex und Partnerschaften auf Augenhöhe zu finden. Paula Lambert lebt in Berlin.

PAULA LAMBERT

Geh schon mal in dich, das Glück kommt dann nach

Wie du deine innere Schönheit entdeckst
und dabei nach außen strahlen kannst

Wilhelm Heyne Verlag
München

Penguin Random House Verlagsgruppe FSC® N001967

Originalausgabe 06/2021

Copyright © 2021 by Wilhelm Heyne Verlag,
in der Penguin Random House Verlagsgruppe GmbH
Der Wilhelm Heyne Verlag, München,
ist ein Verlag in der Penguin Random House Verlagsgruppe GmbH,
Neumarkter Straße 28, 81673 München
Printed in Germany 2021
Umschlaggestaltung: Hauptmann & Kompanie
Werbeagentur, Zürich
Umschlagfoto: © Paula Lambert/@cyroline
Redaktion: Caroline Kaum macht Programm, München
Satz: Leingärtner, Nabburg
Druck und Bindung: GGP Media GmbH, Pößneck
ISBN: 978-3-453-60562-6

www.heyne.de

Für Christin Lehniger und André Sobeck,
die immer mehr machen, als sie müssten

Vertrau dir selbst. Du weißt mehr, als du glaubst.
DR. BENJAMIN SPOCK

Deine Reise

Eine kurze Anmerkung zu Beginn:

Die Chance, dass du, wenn du dieses Buch in den Händen hältst, eine Frau bist, liegt bei über 90 Prozent, weil ich für einen Frauensender arbeite und die meisten meiner Follower weiblich sind. Aus diesem Grund habe ich gendermäßig für Frauen geschrieben, darüber hinaus heteronormativ. Das heißt aber nicht, dass der Inhalt nicht auch für alle Menschen und alle sexuellen Orientierungen ebenso gilt. Viel Spaß!

Ehe du losgehst

Dieses Buch wurde während der Corona-Pandemie geschrieben und Junge, Junge, in Sachen Kreativität und prima Laune war es wirklich kein besonders guter Zeitpunkt, um damit zu beginnen. Ein Kolibri schlägt ungefähr 40- bis 50-mal in der Sekunde mit den Flügeln, was gefühlt genau der Abstand ist, mit dem die Kinder zu mir kommen, weil sie Hunger haben, irgendetwas in der Schul-Cloud nicht funktioniert oder sie etwas nicht verstehen. Bemerkenswert übrigens, an wie wenig man sich aus der Schulzeit erinnert. Infinitesimalrechnung beispielsweise hat mein Gehirn komplett von der Festplatte gelöscht, während es an anderen Informationen, etwa der Existenz von distalem und proximalem Tubulus in der menschlichen Niere, festhält, als ob mein Leben davon abhängt.

Immerhin habe ich es in den letzten Monaten geschafft, beinahe täglich zu duschen. Von dieser Tätigkeit ist mein Effektivitätskonto meistens schon wieder aufgebraucht. In einem großen Klotz Götterspeise zu leben, muss sich ähnlich zäh anfühlen wie das Tempo, in dem mein Gehirn sich weiterbewegt. Dennoch: Glückwunsch! Wenn du das hier liest, heißt das immerhin, dass wir es gemeinsam bis hierher geschafft haben. Wooooohoooo!

Ich weiß natürlich nicht, ob du Kinder hast. Oder vielleicht einen Partner, der sich wie eines benimmt. Falls du eines von beidem hast, kann dir ab jetzt nichts mehr passieren, du bist apokalypsegestählt und deine Nerven haben eine Extra-Ummantelung aus Teflon bekommen. Falls du keine hast, dann hast du vielleicht nicht ganz so oft weinend in der Dusche gesessen, vielleicht nur jeden zweiten Tag.

Einer meiner beiden Teenager hat neulich zu mir gesagt: »Ich glaube, ich verstehe nur ungefähr 9 Prozent meines Lebens.« Ich kann das absolut nachvollziehen. Als Erwachsener versteht man, schätze ich mal, ungefähr 32 Prozent, und das an guten Tagen. Der Rest ist eine Mischung, eine bunte Ansammlung aus Überraschungen und Emotionen, was die ganze Sache natürlich auch spannend macht.

Grundsätzlich ist es wichtig zu verinnerlichen, dass man keinen Tag seines Lebens bereuen sollte. Gute Tage geben dir Glück, schlechte Tage Erfahrung. Die schlimmsten Tage erteilen dir eine Lektion und die besten helfen dir dabei, Erinnerungen zu schaffen. Was die letzten Monate angeht, sind wir uns vermutlich alle einig, dass das Grundgefühl dabei nicht ganz so toll war. Müsste ich die Pandemie auf Yelp bewerten, würde ich ihr ganz klar nur einen Stern geben und den auch nur, weil ich Weihnachten zum ersten Mal seit Jahren nicht die gesamte Verwandtschaft von Pulheim bis Oberursel abklappern musste.

Gleichzeitig bin ich ziemlich sicher, dass wir, später, wenn wir unser normales Leben wieder zurückhaben (werden wir das?), die Corona-Tage in unserer Erinnerung absolut romantisieren werden. Wie viel Zeit wir hatten! Was wir alles für neue Hobbys hätten lernen können! Da ich kein Bananenbrot mag und nur sehr geringes Talent in Sachen Häkelarbeit vorweisen kann, habe ich mir eine winzige Töpferscheibe gekauft, weil ich auf Instagram niedliche Videos von filigranen Vasen und Tässchen gesehen habe. Wie sich herausstellt, ist es unheimlich schwierig, filigrane Vasen zu formen. Würfel, Würste und Brezeln gehen hingegen ganz einfach.

Aber pass auf: Alles in allem hatte diese Zeit auch etwas außerordentlich Gutes. Und zwar deshalb, weil wir alle simultan an unsere Grenzen gestoßen sind. Und wer an Grenzen stößt, der spürt, wohin er wachsen will.

Der US-amerikanische Psychologe Abraham Maslow, Gründer der »Positive Psychologie«-Bewegung, hat einmal gesagt: »Man kann sich dafür entscheiden, rückwärts in die Sicherheit zu gehen oder vorwärts in das Wachstum. Für Wachstum muss man sich wieder und wieder entscheiden, und die Angst muss wieder und wieder überwunden werden.«

Nichts anderes bedeutet es, gegen eine Barriere zu laufen. Man kann sich dafür entscheiden zurückzuschrecken und nichts zu tun. Oder man nimmt all seinen Mut zusammen und geht den Weg, der ungewiss ist und Angst macht. Woher soll der Käfer in der Kiste schließlich wissen, ob sich hinter der Wand eine schöne grüne Wiese verbirgt oder doch nur ein Frosch mit weit aufgerissenem Maul? In der Kiste zu bleiben ist meiner Meinung nach keine gute Alternative. Der Käfer würde sich langweilen, unglücklich werden und schlimmstenfalls sogar verhungern. Was also tun? Aus meiner Sicht gibt es nur eine einzige Möglichkeit: die Kiste zu verlassen und herausfinden, was draußen wartet.

Und genau darum geht es in diesem Buch: Um zu werden, wer du sein könntest, musst du den Menschen hinter dir lassen, der du warst.

Im Grunde ist die Sache einfach. Wer sich fürchtet, gibt der Furcht die Kontrolle über sich. Häufig ist die Angst vor Konsequenzen größer als das Problem selbst. Und das Schlimmste daran ist, dass ein Mensch, der nicht sein ehrlichstes Leben leben kann, eines führt, in dem Scham, Sorge, Kummer ständige Gäste sein werden. Das hört sich doch nicht besonders verlockend an, oder? Lieber will ich dich dazu ermutigen, dich dem Leben mit so viel Verve wie möglich zu stellen, die dafür nötigen Hindernisse aus dem Weg zu räumen und eines zu verstehen: Wenn du den Elefanten sattelst und aufsteigst, brauchst du den Hund am Boden nicht mehr zu fürchten.

Ich glaube, darin liegt der Schlüssel zu einem gelingenden Leben. Der Titel dieses Buches, *Geh schon mal in dich, das Glück kommt dann nach*, bedeutet genau das. Die Botschaft ist nicht, keine Fehler mehr zu machen oder keine Schwächen mehr zu haben und immer gut drauf zu sein. Sondern sich jeden Tag aufs Neue für sich selbst zu entscheiden. Wenn man die eigenen Bedürfnisse, die eigenen Fallstricke und Schwächen einmal bewusst wahrnimmt, kann man plötzlich auch seine Stärken ganz klar sehen. Dafür muss man ein wenig aufräumen und aufzuräumen bedeutet immer, dass man gewaltig entrümpeln muss. Einen Beruf aufzugeben, der Sicherheit gibt, kommt einem dumm und gefährlich vor. Eine Beziehung zu beenden, die so schlimm nun auch nicht ist (obwohl du nicht besonders glücklich bist), fühlt sich waghalsig an. Themen mit Menschen anzusprechen, an deren Urteil dir sehr viel liegt (auch wenn es vielleicht nicht so sein sollte), wirkt viel zu radikal. Aber es ist nötig, um eine Entscheidung zu treffen. Du kannst das ganze Leben als Käfer in einer Kiste verbringen. Oder du entscheidest dich trotz des Risikos dafür, über eine prächtige Blumenwiese zu fliegen.

Deine Wanderschuhe

Wenn man sich auf Wanderschaft begibt, braucht man gutes Equipment. Es gibt ein paar Dinge, die wichtiger sind als andere. Ein Zelt wäre sinnvoll und ganz sicher auch ein Gaskocher. Am wichtigsten sind aber deine Schuhe. Sie sind die Basis für das Gelingen deiner Reise und deshalb geht es in den folgenden Lektionen um ganz Grundsätzliches. Nicht vergessen: Gut geschnürt, ist halb gewonnen!

Du hast nichts zu verlieren, wenn du dir vornimmst, dein Leben zu verändern

Als ich jung war, habe ich gedacht, dass Glück sich in äußeren Dingen und Erscheinungen findet, also vielleicht in Geld oder Beziehungen oder in einer Karriere. Aber dann hatte ich eine Beziehung, und da war es nicht. Dann hatte ich eine Karriere und Geld, aber da war es auch nicht. Dann wurde mir Gott sei Dank klar, dass es im Leben ist wie bei Indiana Jones – nicht der goldene, funkelnde Kelch führt in die Freiheit, sondern der, den man vielleicht erst übersieht, weil er so unscheinbar ist. Und vor allem auch derjenige, der schmutzig ist. Ich meine den, der so richtig nach Arbeit aussieht.

Und Arbeit ist es. Das weißt du vielleicht schon, obwohl du trotzdem nachts in deinem Bett liegst und dir Geschichten ausdenkst, wie es sein könnte, wenn du drei Wünsche frei hättest. Oder wie du den einen Richtigen findest, mit dem alles fortan wie in rosa Watte gepackt ist. Vielleicht liegst du auch einfach wach so wie ich früher und nimmst dir vor, dein Leben ab morgen endlich so zu ändern, dass die Steinchen an die richtige Stelle fallen. Egal, ob es Liebe ist oder dein Körper oder einfach eine allgemeine Lebensrichtung. Ab morgen wirst du ganz bestimmt jeden Tag Sport machen!

Und dann wachst du auf und bist müde. Irgendwas kommt dazwischen, was schon wieder verhindert, dass dein Traum Wirklichkeit wird. Irgendetwas – in dir. Dieses Gefühl ist wahnsinnig ätzend. Du fühlst dich fremdbestimmt, obwohl du der Kapitän bist und fährst nach links, obwohl du nach rechts möchtest.

Dieses Buch ersetzt keine Therapie, das ist klar. Aber es hilft dir hoffentlich dabei, auf die drängendsten Fragen eine Antwort zu finden und zeigt dir, was du tun kannst, um die Klippen zu umschiffen, an denen du so oft eine Bruchlandung hinlegst. Wirklich jeder Mensch hat Tage oder Zeiten, in denen sich alles irgendwie blöd anfühlt – vor allem man selbst. Sogar Charles Darwin, ohne Frage einer der klügeren Menschen, die je gelebt haben, hatte Momente, in denen er sich in erster Linie dämlich vorkam. Zwei Jahre, nachdem er sein bahnbrechendes Werk *Die Entstehung der Arten* herausgebracht hatte, schrieb er in einem Brief an seinen Freund Charles Lyell am 1. Oktober 1861: »But I am very poorly today and very stupid and hate everybody and everything.« Sich mies und dumm zu fühlen und einfach alles und jeden zu hassen, kennst du vielleicht auch an bestimmten Tagen, und das macht wirklich ganz und gar nichts, weil nicht nur Manieren uns zu Menschen machen, sondern eben auch die bunte Bandbreite der Gefühle. Und wenn freundlich mit Pflanzen sprechen ihnen beim Wachstum hilft, dann stell dir nur mal vor, was das Gleiche mit Menschen machen kann.

So, jetzt legen wir aber los. Wenn du dieses Buch gekauft hast, dann hast du es wahrscheinlich nicht getan, weil dir das Cover so gut gefallen hat – obwohl auch das ein ausgezeichneter Grund ist. Ich spekuliere einfach mal drauflos und denke, dass du mit deinem derzeitigen Leben nicht ganz glücklich bist. Das ist völlig okay, denn das geht fast allen so. Vielleicht bist du auf der Suche nach einer Beziehung und findest keine. Oder vielleicht findest du immer nur Leute, bei denen es besser gewesen wäre, du hättest sie nicht gefunden (falls du dir da nicht sicher bist, frag einfach deine Freunde, die haben vielleicht ein paar Takte über deine Partner zu sagen!). Möglicherweise magst du nicht, was du siehst, wenn du morgens in den Spiegel schaust oder hast das Bedürfnis, dich unsichtbar zu machen, sobald du in die Öffentlichkeit gehst. Es kann auch sein, dass du einfach mit dem Istzustand unglücklich bist und gerne ein anderes Leben hättest. Was auch immer es ist, ich liebe dich jetzt schon. Willkommen im Scheitern.

Was das Scheitern angeht, so kenne ich mich damit wahnsinnig gut aus. Das ist dein Glück, behaupte ich jetzt mal, denn egal, in welchem Loch du dich gerade befindest: Ich war ziemlich sicher auch schon da. Ich weiß nicht, ob du es weißt, aber ich steckte schon als ich geboren wurde bis zum Hals in Schwierigkeiten. Und wie du auch, hatte ich irgendwann das starke Gefühl, mich aus all den miesen Gefühlen, die sich in meiner Magengegend breitmachten,, befreien zu müssen. Die miesen Gefühle kamen daher, dass ich in unheimlich starken Mustern gefangen war, die mich wieder und wieder in die gleichen Situationen befördert haben, nur eben mit anderen Nebendarstellern. Du weißt vermutlich, was ich meine.

Wiederholungen sind grundsätzlich gut. Wenn wir lernen, müssen wir, wie schon gesagt, eine Tätigkeit so lange wiederholt ausführen, bis sich im Gehirn ein passender Lernweg gebildet hat. Auf diese Weise wächst man. Blöd ist es nur, wenn die Wiederholungen sich in einem Verhalten zeigen, das selbstverletzend ist, weil man zum Beispiel ausschließlich Partner wählt, die einem zu verstehen geben, dass man nicht im Geringsten liebenswert ist. Es dabei zu belassen, wäre schade. Da du aber hier bist, denke ich, dass du ahnst, dass es so, wie es ist, nicht bleiben kann. Und das ist ein toller Schritt.

Zunächst ist es mir wichtig, dass du eines wirklich verinnerlichst: Du bist nicht alleine. Die meisten Leute verschweigen es, wenn es ihnen hundeelend geht, aber hier, auf unserem gemeinsamen Weg, werden wir das genaue Gegenteil tun. Wir sagen uns einfach alles. Und am Ende, das verspreche ich dir jetzt schon, wirst du heller strahlen als ein Atomkraftwerk – nur auf die gute Art.

Wenn es nach mir geht, dann wird dieses Buch für dich wie ein bester Freund oder eine beste Freundin, die mit dir durch dick und dünn geht und dir Rat gibt, wenn du nicht weiterweißt und dir da Mut zuspricht, wo du vor Angst erstarrst. Ein paar Dinge wiederhole ich darin wieder und wieder, weil das menschliche Gehirn nur neue Pfade anlegt, wenn man wieder und wieder auf der gleichen Stelle herumtrampelt. Du kannst mit diesem Buch auch arbeiten oder du kannst es lassen, aber all die Übungen, die ich eingebaut habe, haben mir selbst geholfen. Und wenn irgendetwas sein sollte, dann bin ich ja auch noch anderswo für dich da. Du weißt ja, wo du mich findest.

Wenn ich Talks gebe oder Bücher schreibe, dann berichte ich gerne von mir. Und zwar nicht, weil ich die brillanteste Person der Welt bin, sondern weil ich der Mensch bin, den ich am besten kenne und verstehe. Ich weiß, warum ich wie handele und verstehe, welche Verhaltensweisen mich in Schwierigkeiten gebracht haben und manchmal immer noch bringen. Und ich hoffe, dass ich für dich eine so gute Projektionsfläche bin, dass du das Gleiche für dich herausfinden kannst. Ich kenne meine Niederlagen ganz genau, aber viel wichtiger: Ich bin inzwischen stolz auf die Kämpfe, die ich gewonnen habe.

Für den Fall, dass du mich nicht so genau kennst oder dieses Buch wirklich nur durch Zufall in die Hand genommen hast, möchte ich mich dir noch einmal genauer vorstellen.

Ich komme aus Bonn. Irgendeiner muss es tun

Wenn du aus Bonn kommst, bleibt dir nicht viel zur Auswahl. Entweder, du hast riesige Träume oder solche, die zur Umgebung passen. Das ist wahrscheinlich in jeder kleinen Stadt so, auch wenn mein Geschichtslehrer Dr. Nikolai immer behauptet hat, dass Bonn eigentlich eine Großstadt sei. Jedenfalls wollte ich, solange ich denken kann, einfach nur weg. Das lag nicht an Bonn selbst, wo man es mit ein paar Einschränkungen durchaus aushalten kann. Sondern an meinen Lebensumständen. Ich möchte dir kurz davon erzählen, damit du weißt, warum ich all deine Ängste so gut verstehe.

Mein Überleben habe ich vor allem ein paar aufmerksamen Nachbarn zu verdanken. Als ich sechs Monate alt war, verschafften sie sich Zugang zu der Wohnung, in der ich ganz alleine war. Sie haben mir erzählt, dass ich in einem kaputten Laufstall lag, um mich herum ein angelutschter Brotkanten, eine Streichholzpackung und ein paar leere Milchflaschen, in denen sich teilweise schon Schimmel gebildet hatte. Ich war mager und traurig, aber ich weinte nicht. Wie es Kinder eben tun, wenn sie resigniert haben. Aus dieser Zeit stammt übrigens mein bis heute schwieriges Verhältnis zu Nahrungsmitteln. Tief in mir drin habe ich immer noch Angst zu verhungern.

Fünf Jahre lebte ich nach diesem Vorfall bei besagter Nachbarsfamilie, bezog mit ihnen ein Haus, in dem sie mir alles beibrachten, was man als Kind können muss: laufen, Fahrrad fahren, Ostereier suchen. Ich fühlte mich sicher. Und dann, eines Tages, kam meine biologische Mutter, nahm mich aus meinem Zuhause und stürzte mich ins absolute Chaos. Ich habe die Geschichte schon ausführlicher in meinem letzten Buch *Finde dich gut, sonst findet dich keiner* beschrieben, aber falls du es nicht gelesen hast, ist es wichtig zu wissen, woher meine Fähigkeit kommt, mit problematischen Erlebnissen umzugehen.

Was ich noch nie beschrieben habe, ist, dass ich als Kind so eine Art Ein-Personen-Spionageunternehmen geführt habe. Wenn du so aufwachsen musst, wie ich es getan habe, dann bist du ständig auf der Hut. Ich habe meiner Mutter nicht vertraut, weil ich mich auf nichts verlassen konnte. Also versuchte ich, die Umstände »lebbar« zu machen, indem ich die Kontrolle übernahm. Ich suchte nach Beweisen für meine Existenzsicherung. Mit zehn Jahren ging ich regelmäßig ihre Lohnbescheide durch, prüfte, wie viele Sonntagsdienste sie gemacht hatte (Sonntagsdienste wurden besser bezahlt) und überschlug, ob es dieses Mal so weit reichen würde, dass der Strom nicht abgestellt würde. Natürlich hatte ich keine Ahnung, wie viel Geld man brauchte, um einen Monat zu überstehen. Das Einzige, was ich verstand, war, dass die roten Zahlen auf dem Kontoauszug nicht gut waren. Dennoch gab mir das Gefühl, diese Dinge zu wissen, eine Art Sicherheit. Ich hörte Telefongespräche mit und war ständig bereit, die nächste Lüge aufzudecken. Wo bist du gewesen? Hattest du wirklich Dienst? Warum kommst du nicht? Wer ist dieser Typ, mit dem du telefonierst? Du hast doch eigentlich einen Freund. Und so weiter. Ich war niemals entspannt, sondern meistens mit ausgestreckten Fühlern unterwegs. Und so habe ich auf traurige Weise gelernt, vorab zu ahnen, was später passieren würde.

Das war nicht gesund und schon gar nicht kindgerecht. Mein Unglück konnte ich nicht in Worte fassen, ich konnte nur versuchen, den Schmerz soweit abzufedern, dass er mich nicht völlig überrumpeln würde. Wenn wieder ein Mann an der Seite meiner Mutter das Handtuch geworfen hatte. Wenn ich plötzlich ins Internat sollte, weil der neue Mann mich nicht mochte. Wenn ich ein Blatt Papier fand, auf dem

»Kinderfarm« stand, darunter ein Bauernhof, zehn Pflegekinder und ein Finanzierungsplan – offenbar bekam man für
so viele Pflegekinder unheimlich viel Geld. Ich war nicht
mal verwundert, dass ich auf dem Plan gar nicht auftauchte.
Wenn ich mir mein Leben ansehe, dann weiß ich, dass meine
Geschichte durchaus anders hätte ausgehen können. Und
gleichzeitig gründet sich mein Erfolg auf genau dieser Erfahrung. Aus irgendeinem Grund habe ich es instinktiv verstanden, mein Elend in etwas Positives zu verwandeln.

Falls du meinen *Podcast des Scheiterns* kennst und hörst,
dann weißt du, dass ich sehr oft darauf hinweise, dass die
meisten Menschen schon vorab eine Ahnung davon haben,
ob ihnen ein bestimmter Mensch oder eine Tätigkeit guttut
oder eher nicht. Ich nenne es Bauchgefühl, aber du kannst es
natürlich auch Intuition oder dein kleines Licht oder das
blaue Männchen im Bauch nennen, völlig egal. Wichtig ist,
dass du weißt, dass auch du einen untrüglich sicheren Kompass in dir trägst. Und den wollen wir jetzt aktivieren.

Ich bitte dich vorab um zwei Dinge. Du wirst schon darüber
nachgedacht haben, ob und wie du etwas ändern kannst,
dennoch möchte ich, dass du diese zwei Dinge tust:

1. Du gibst vor dir selbst zu, dass du ein Problem hast, das dich daran hindert, ein glückliches, erfülltes Leben zu führen.
2. Du glaubst fest daran, dass sich dieses Problem lösen lässt, und
   zwar durch ein tiefes Verständnis für dich selbst.

Das klingt jetzt vielleicht komisch, aber bitte, tu es. Vergiss nicht, dass jede Sekunde, die du damit verbringst, von dir selbst enttäuscht zu sein eine ist, die du nicht darin investierst, herauszufinden, wie du besser werden kannst. Ich weiß, dass das schwer ist. Jahrelang habe ich geglaubt, dass ich der einzige Mensch auf der Welt wäre, der sich so klein und erbärmlich fühlt. Dass die meisten anderen fröhlich sind und aus dem Vollen schöpfen und manchmal vor lauter Glück nicht wissen, wohin mit sich. Wenn du genau hinhörst, dann weißt du, dass die meisten Leute sehr ähnliche Sorgen haben. Das ist auch der Hauptgrund, warum Menschen meinen Podcast so gerne hören. Nicht nur wegen der Ratschläge, sondern vor allem, weil sie danach wissen, dass sie mit ihren Sorgen und Problemen nicht alleine sind.

Wir Menschen sind nämlich gar nicht so unterschiedlich, wie wir alle immer denken. In unseren Bedürfnissen sind wir uns sehr ähnlich. Und auch in unseren Gedanken sind wir uns meist recht nah. Willst du Beweise? Bitte schön. Mit ziemlich großer Wahrscheinlichkeit kennst du folgende Situationen ziemlich genau:

🍀 Wenn du im Supermarkt nichts eingekauft hast und an der Kasse mit leeren Händen vorbeigehst, denkst du: »Benimm dich ganz natürlich, du hast nichts geklaut.«

🍀 Wenn dich eine unbekannte Nummer anruft, googelst du, um zu sehen, ob es sich um einen Spamanruf handelt.

🍀 Wenn dir jemand auf einem langen Flur entgegenkommt, überlegst du, wann der richtige Moment ist, Blickkontakt aufzunehmen.

♣ Wenn du plötzlich irgendwo in der Herzgegend einen Stich spürst, denkst du: »Mist, jetzt passiert es wirklich, ich kriege einen Herzinfarkt.«

♣ Wenn du über das Wochenende wegfährst, packst du so viel Unterwäsche ein, als hättest du vor, dich zweimal am Tag einzunässen.

♣ Wenn du an der Kasse stehst, hinter dir eine lange Schlange ist und das Kleingeld einfach nicht in das Münzfach will, wirst du so hektisch, als ob du noch nie irgendwas in ein Portemonnaie gesteckt hast.

♣ Wenn du jemanden nach seinem Namen fragst und dann vergisst, zuzuhören, wenn er dir seinen Namen sagt, überlegst du fieberhaft, wie du denjenigen dazu bringen kannst, seinen Namen noch mal zu wiederholen.

♣ Wenn du einen Satz sagst, der ein ganz kleines bisschen merkwürdig klingt und den jeder nach zwei Minuten vergessen hat, liegst du trotzdem nachts um drei Uhr wach, um über die Konsequenzen dieses Satzes nachzudenken.

♣ Du kannst eigentlich supergut einparken, außer natürlich, wenn da ein paar Leute stehen. Dann vergisst du plötzlich, wie man vernünftig lenkt.

♣ Wenn du neben jemandem die Treppen hochgehst, versuchst du, extraleise zu atmen, damit die anderen nicht hören, dass du völlig unfit bist und ums Überleben kämpfst.

♣ Wenn du durch einen Flur gehen musst, der gerade gewischt wurde, legst du einen völlig bekloppten Gang hin, als würdest du über heiße Lava gehen, damit der Putzer sieht, wie leid es dir tut, alles mit deinen Schuhabdrücken zu versauen.

♣ Und ziemlich sicher liegst du manchmal abends im Bett und denkst: »Morgen kriege ich endlich mein Leben auf die Reihe.«

Du bist wirklich nicht alleine.

Bei meinem Startschuss ins Leben habe ich eine richtig miese Bahn abbekommen. Vorgesehen war, dass ich außen laufe, da, wo der Tartan voller Krümel und Pfützen ist, sozusagen. Damals, am 26. April um kurz vor neun Uhr morgens war eigentlich klar, dass aus diesem haarigen Kind nichts werden kann. Der Erzeuger unbekannt, die Mutter im Drogenmilieu, man weiß ja, wie so etwas endet. Ich hatte aber auf ganz vielen Ebenen durch wirklich schräge Zufälle unheimlich viel Glück. Vieles davon konnte ich als Heranwachsende nicht begreifen und auch nicht wertschätzen, aber meine Lebensumstände haben mich mit einem ziemlich guten Survival-Paket ausgestattet. Vielleicht hatte das Universum doch ein schlechtes Gewissen, mir die ganze Packung zu verpassen. Die Wissenschaft nennt dieses Survival-Paket Resilienz und ich kann dir nur empfehlen, dir einen dicken Batzen davon anzuschaffen, weil das Zeug wirklich gut ist. Der Dealer dafür bist allerdings du selbst.

In der Psychologie wird Resilienz als ein Prozess beschrieben, der es dir im Angesicht von Herausforderungen, Trauma, Verletzung, großem Schmerz oder Stress erlaubt, auf eine konstruktive Weise damit umzugehen. Die Quellen für Tiefschläge können vielfältig sein. Familiäre Probleme, ein Beziehungsdrama, gesundheitliche Schwierigkeiten oder Druck wirtschaftlicher Natur. Resilienz sorgt nicht nur dafür, dass man Krisen dieser Art übersteht, sondern sogar gestärkt daraus hervorgehen kann. Sie stellt sozusagen sicher, dass die schmerzhaften und schwierigen Umstände den Rest unseres Lebens nicht negativ beeinflussen. Stattdessen gibt sie uns Werkzeuge an die Hand, mit denen wir viele Aspekte, die uns unglücklich machen, kontrollieren und verändern können und so daran wachsen. Resilient zu werden ist also ein Prozess, den ich uneingeschränkt empfehlen kann. Und zwar obwohl die Umstände, die uns dort hinführen, wirklich wahnsinnig schmerzhaft sind.

Resilient zu sein, bedeutet natürlich nicht, dass man als Mensch keine Schwierigkeiten und Nöte mehr erlebt. Wer resilient ist, hat bereits schwerwiegende traumatische Erfahrungen gemacht und wird auch weiterhin empfindsam für Stress und emotionalen Schmerz sein. Der Unterschied liegt vor allem darin, dass man als resilienter Mensch anders damit umzugehen weiß und das Chaos nicht mehr in der Lage ist, einen gänzlich in den Abgrund zu ziehen. Stell dir das Ganze wie ein Trainingsprogramm für den Muskelaufbau vor. Jahrelang hebst du Gewichte und spürst, dass es dir immer noch schwerfällt. Was dir vielleicht nicht auffällt, ist, dass du ständig höhere Gewichte nimmst, insofern ist es kein Wunder, dass dein Körper sich immer noch anstrengen muss. Aber dann, eines Tages, nimmst du eines der Gewichte in die Hand, mit denen du ursprünglich angefangen hast, zu trainieren. Es wird dir leicht wie eine Feder vorkommen. Und das ist Resilienz.

Der Resilienz liegen vier Grundkomponenten zugrunde:

- ♣ Gesunde Beziehungen mit anderen Menschen, also nicht nur Partner, sondern auch Freunde, Familie, Kollegen
- ♣ Gesundheit und Wellness, im Sinne von Ernährung, Selbstfürsorge, Bewegung des Körpers
- ♣ Ein gesundes Mindset, also die Art, wie du über dich und andere denkst und handelst
- ♣ Sinnhaftigkeit in Handeln und Wirken

Wenn man als Kind einem Umfeld ausgesetzt ist, das unfähig ist, Sicherheit und Vertrauen zu geben, entwickelt man Umwege, den emotionalen Stress zu bewältigen. Wie bei einem Schuh, der ständig drückt, bildet sich eine Art emotionales Überbein und dieses Überbein sieht vielleicht ein bisschen blöd aus, hat aber den guten Zweck, dich vor weiteren Verletzungen zu schützen. Manche dieser Überbeine führen in Suchtkrankheiten, innere Abkehr oder andere Selbstverletzungen. Andere sorgen dafür, dass sich ein enorm großer Bullshit-Sensor entwickelt, den man Bauchgefühl oder Intuition nennt. Mein Glück war, dass ich so einen Sensor bekommen habe. Wie gesagt, als Kind hätte Sherlock Holmes in Sachen Spionagetechnik locker von mir abschreiben können. Insofern wirst du in diesem Buch auch lernen, wie du deine Intuition besser wahrnehmen und auf sie hören kannst.

Ich glaube fest daran, dass einem das Scheitern, der Schmerz, die Krisen, wenn man sie einmal versteht, nicht mehr viel anhaben können. Lass uns gemeinsam herausfinden, was dich in deinen Beziehungen zu dir selbst oder anderen, in deinem Job, in deiner Lebensplanung so selbstzerstörerisch macht, dass du das Gefühl hast, einfach nicht zum Fliegen zu kommen. Ich habe den großen Wunsch, dass du, wenn du mit diesem Buch fertig bist, nicht TROTZ deiner Verletzungen glücklich und stark sein wirst, sondern gerade WEGEN IHNEN.

- -

📣 **SAG'S DIR LAUT:** Du kannst kein neues Kapitel beginnen, wenn du das alte ständig wiederholst.

- -

Muster sind wie hartnäckige Pickel, die wieder und wieder auftauchen, obwohl du sie doch beim letzten Mal ganz gut versorgt hast. Diese Muster, so zerstörerisch sie manchmal auch sind, dienen auf paradoxe Art ebenfalls deinem Schutz, obwohl sie häufig das Gegenteil bewirken.

Du weißt sicher, dass sich Menschen zum Beispiel gerne fast schlafwandlerisch in die gleichen schädigenden Situationen begeben, weil diese ein Gefühl der Vertrautheit und damit der falschen (unterbewussten) Sicherheit hervorrufen. Manche Muster sind von außen leicht ersichtlich. Wenn sich zum Beispiel eine Frau stets Partner sucht, die ihr ein bestimmtes negatives Gefühl der Wertlosigkeit geben, ist es sehr wahrscheinlich, dass sie dieses Gefühl von zu Hause kennt und dort verinnerlicht hat. Die menschliche Psyche ist eben einerseits ein magischer Ort, andererseits aber auch ziemlich übersichtlich.

Du kannst nicht immer kontrollieren, was mit dir geschieht. Vieles ist dem kosmischen Zufall überlassen, zum Beispiel welche Eltern du erwischt und in welchem Land du geboren wirst. Was du aber immer in deiner Hand hast, ist die Frage, ob du von den bisherigen Geschehnissen den Rest deines Lebens bestimmen lassen möchtest. Oder ob du ein Leben haben möchtest, dessen Verlauf und Fülle du weitestgehend selbst bestimmst.

Jeder Mensch folgt bestimmten wiederkehrenden Handlungen. Viele davon sind sehr praktisch, weil wir durch sie eine Regelmäßigkeit erfahren, die sich sentimental und wohlig anfühlt. Ich kenne jemanden, der zum Beispiel jedes Jahr um Nikolaus herum ein Weihnachtskarussell aufstellt, das im Familienkreis der Einfachheit halber »Baby-Pferd-Brumm-brumm-Tütü« genannt wird, weil eben erst ein Baby im Kinderwagen im Kreis fährt, dann ein Pferdchen, gefolgt von einem Feuerwehrauto und einer Lok. Ohne »Baby-Pferd-Brummbrumm-Tütü« ist Weihnachten kein Weihnachten und der Impuls, das alte Holzspielzeug aus dem Keller zu holen, kommt jedes Jahr ganz automatisch. Das Gefühl, das ausgelöst wird, ist das eines heilen Familienalltags (es gehört noch eine bestimmte Keksdose dazu) und sorgt dafür, dass sich alle Beteiligten spontan entspannt und glücklich fühlen. Solche Wiederholungen geben dem Leben einen Rahmen und sortieren das manchmal Unübersichtliche.

Schädigende Muster sortieren das Leben ebenfalls, weil man sich genau wie im eben genannten Beispiel auf bekanntes Terrain begibt. Allerdings auf eines, in dem überall Bärenfallen aufgestellt sind und du einfach weißt, dass sie jederzeit zuschnappen und dir das Bein zerquetschen können. Diese Muster sind wie eine Tischdecke, die man über einen klebrigen, schmutzigen Tisch breitet, damit niemand den ganzen Dreck sieht. Am häufigsten begegnen sie einem in intimen Beziehungen, egal ob mit sich selbst oder mit anderen. Wenn zum Beispiel eine Frau wieder und wieder auf Dating-Apps unterwegs ist, obwohl sie sich selbst wirklich absolut furchtbar findet, wird sie ausschließlich Menschen anlocken, die ihr genau das bestätigen.

Menschen, die hauptsächlich in negativen Mustern gefangen sind, werden von Selbstzweifeln und Ängsten begleitet, die alles Hoffnungsvolle torpedieren. Sie gehen Beziehungen ein, obwohl sie unterbewusst schon wissen, dass sie sowieso belogen oder verlassen werden. Oder nehmen auf der Arbeit hin, dass sie schikaniert oder übergangen werden, weil sie ahnen, dass sie wirklich zu nichts fähig sind. Diese Menschen sind unglaublich leidensfähig und es ist von außen schwer zu verstehen, wie sie ihre Situation ertragen können. Aber jemand mit schmutzigem Tisch, um bei dem Bild zu bleiben, baut sich automatisch ein Umfeld, in dem das unterbewusste Wissen (»Niemand liebt mich« oder »Ich kann sowieso nichts«) zwanghaft bestätigt werden muss, denn dies ist das Gelände, das bereits bekannt ist und sich auf schreckliche Weise wie eine Heimat anfühlt.

Seit ich denken kann, bin ich mir fehl am Platz vorgekommen. Selbst heute kommt das Gefühl in manchen Situationen immer noch hoch und ich fühle mich, als würde mir ein Schild mit der Aufschrift »Trottel« um den Hals hängen. Früher habe ich mich für wirklich jeden Quatsch geschämt. Und da ich mich für die allergrößte Pfeife hielt und zudem noch eine wirklich bescheuerte Frisur hatte, geriet ich ausnahmslos in Situationen, die genau das bestätigt haben. Als ich 13 war, mussten wir zum Schüleraustausch nach Toulouse, denn ich besuchte eine bilinguale Schule und hatte größtenteils Unterricht auf Französisch. Im Nachhinein glaube ich, dass meine Mutter immer den Wunsch hatte, in der Gesellschaft aufzusteigen, etwas Besseres zu sein oder zumindest irgendwie exquisiter. Anders kann ich mir nicht erklären, wieso sie überhaupt auf die Idee kam, mich auf eine Schule zu schicken, auf der sich überwiegend Diplomatenkinder tummelten. Mein Französisch war außerdem selbst nach drei Jahren Unterricht immer noch echt mau. Auch das unterschied mich von den anderen.

Vielleicht hatte ich deshalb auch auf diesen Schüleraustausch nicht allzu große Lust. Zu allem Überfluss landete ich in einer sehr seltsamen Familie, in der alle gekleidet waren, als würden sie ihre Klamotten ausschließlich aus Kleidercontainern beziehen, die Wohnung hingegen war gigantisch groß und luxuriös. Jeder hatte ein eigenes Bad, und am Sonntag hielt der Pfarrer in dem riesigen Wohnzimmer die Messe, extra für die Familie. Wären meine Sprachkenntnisse substanzieller gewesen, hätte ich herausfinden können, was sie beruflich machten, aber so habe ich bis heute keine Ahnung. Es gab jeden Tag Linsen und Lamm, danach Roquefort-Käse zum Dessert. In der Familie wurde nie miteinander gesprochen (zum Glück, ich hätte eh nichts verstanden), und so träumte ich mich in eine Welt, in der der wundervoll schöne Olivier aus unserer Partnerklasse mein erster Freund wäre. Leider hatte Olivier sich ein anderes Mädchen aus meiner Klasse erwählt, das selbstbewusst war und Sinn für Mode hatte, während ich immer genau das anzog, was gerade da war. Und so blieb mir am Ende nur den zu nehmen, der sich als Einziger wirklich hartnäckig für mich interessierte. Arnaud, in seiner Klasse wegen seines beachtlichen Überbisses auch liebevoll »Poney«, also Pony, genannt, fragte mich irgendwann beiläufig: »Est-ce que tu veux sortir avec moi« und ich, völlig überrascht von dieser spontanen Zuneigungsbekundung, hauchte ein zartes »Oui« zurück, ohne mir über die weitreichenden Folgen meines

Handelns im Klaren zu sein. Mein Austauschbruder Etienne machte mich zu spät darauf aufmerksam, dass es nicht auf deutsche Art mit ein bisschen kichern und Zettel hin- und herschieben getan war, sondern ich nunmehr eingewilligt hatte, mit Arnaud zu knutschen, und zwar öffentlich unter Zeugen. Das war natürlich undenkbar. Nicht nur, dass Arnaud und ich uns frisurentechnisch sehr ähnelten (vorne ganz gerade in Topfform bis hinter die Ohren, danach lang), auch die Vorstellung, meinen Speichel mit ihm und seinen enormen Frontzähnen zu teilen, versetzte mich in Panik. In Ermangelung von Sprachkenntnis und Mumm, diesen unseligen Vertrag aufzulösen, verbrachte ich darum die letzten zehn Tage meines Aufenthalts im Stealth-Modus, tauchte ab und nahm an keiner einzigen Klassenparty teil. Rückblickend muss ich sagen, dass Olivier ein ziemlich eingebildeter Typ war und Arnaud wirklich sehr nett, aber er war eben wie ich nicht gerade ein Alphamännchen. Damals zeigte sich ein Muster zum allerersten Mal, das dir vielleicht bekannt vorkommt: Ich wollte unbedingt einen von den coolen Jungs, damit niemand merkte, dass ich absolut uncool war. Und damit begann ein jahrzehntelanges Drama.

Ich wünschte, ich könnte dir sagen, dass ich meine Lektion schnell gelernt hätte, aber leider habe ich einen Großteil meines Dating-Lebens damit verbracht, Männer nicht nach Charakter, sondern nach Status und/oder Aussehen auszuwählen. Und das ist so ziemlich das Blödeste, was man machen kann.

Aber zurück zu den Mustern. Egal, ob du Schwierigkeiten mit dir selbst hast, bei der Partnersuche, im Job oder mit dem Leben allgemein, es ist extrem wichtig, dass du deine Muster erkennst und verstehst, woher sie kommen, woraus sie sich speisen und was ihr Nutzen in deinem Leben ist. Was das Auflösen von selbstschädigendem Verhalten nämlich so knifflig macht, ist, dass deine Muster dich zwar bremsen und traurig machen, gleichzeitig aber bejahend und bestärkend wirken können: Sie bestätigen dich nämlich in deinem Urglauben.

Dein Urglaube ist so etwas wie die Brennstoffzelle deines Selbstbewusstseins. Was auch immer du über dich selbst denkst, speist dein Bild unermüdlich und formt so die Person, die du nach außen hin zu sein scheinst. Forscher glauben, dass dieser Kern im Unterbewusstsein ab Geburt bis ungefähr zum siebten Lebensjahr entsteht. Darum ist es so relevant, wie deine Kindheit verlaufen ist, ob du Sicherheit und Vertrauen gespürt hast oder eher auf dich alleine gestellt warst. Nach dem siebten Lebensjahr steht deine eigene Wahrheit ungefähr fest und ab da wird es unangenehm. Denn das sogenannte »retikuläre Aktivierungssystem«, ein Neuronennetzwerk in deinem Gehirn, filtert ab jetzt fleißig Informationen aus deiner Umgebung, um eben diese Kernwahrheiten zu bestätigen.

Wenn man den Menschen um sich herum einmal genau zuhört, wird man eine Menge negativer Sätze aufschnappen, die negativen Kernwahrheiten entspringen. Viele Menschen betrachten das Leben durch ein Mikroskop, und ignorieren die Gesamtperspektive (»Ich habe einfach nie Glück.«). Andere legen eine einzige, wiederkehrende Erkenntnis wie einen Filter auf alle, völlig unpassende Situationen (»Natürlich ignoriert er mich. Ich werde von allen immer ignoriert.«) oder gelangen völlig verfrüht zu einem Verdacht, ohne überhaupt Beweise dafür haben (»Sie hat nicht geantwortet, sicher ist sie böse auf mich.«).

Weitere typische Sätze sind:

»Ich werde nie jemanden zum Heiraten finden.«

»Danke für die Glückwünsche, aber so toll war meine Arbeit nun auch nicht.«

»Man kann Männern einfach nicht trauen.«

»Den Job kriege ich nie.«

»Ich kann einfach nicht alleine sein, niemand in meiner Familie kann das.«

»Die anderen haben es immer leichter.«

»Wenn ich schlanker/größer/jünger wäre, dann hätte ich auch eine Partnerschaft.«

Und so weiter. Wenn man einmal sein Gehör dafür geschärft hat, stellt man fest, dass viele Menschen über sich und ihr Leben reden, als hätten sie lieber nichts damit zu tun. Und das ist nun wirklich kein guter Zustand.

Wer sich heilen möchte, muss einen neuen Bewusstseinszustand schaffen. Und das bedeutet auch, die Kernwahrheiten aufzudecken und zu überdenken. Hat man sie einmal enttarnt, kann man die alte Wahrheit durch eine neue, gesunde und vor allem positive ersetzen. Denn wie und was wir denken und sagen, wird zwangsläufig Realität.

▽ *Date mit DIR: Was sind deine Kernwahrheiten?*

Jeder von uns hat welche. Viele davon sind hässlich und schrecklich grausam wie zum Beispiel »Niemand wird mich jemals lieben« oder »Ich habe verdient, schlecht behandelt zu werden«. Du musst dir jetzt noch nicht über alle im Klaren sein, aber ich möchte, dass du mindestens fünf hier aufschreibst. Später kannst du deine neuen, besseren Wahrheiten darunterschreiben, dann hast du einen Überblick darüber, wie weit du schon gekommen bist!

☼ Power-up-Ritual

Die alte chinesische Praxis zur Selbstheilung heißt *Yang Sheng*. Im Yang Sheng wird den Studenten beigebracht, dass es besser ist, aktiv auf die eigene Gesundheit zu achten, als hinterher etwas zu flicken, das durch Achtlosigkeit kaputtgegangen ist. Ein wichtiger Bestandteil dabei ist, sich mit seiner Umwelt und der Natur zu verbinden. Die folgende Übung soll für eine bessere innere Anbindung sorgen und die Seele beruhigen:

Setz dich draußen, am besten in einem Park oder Garten, hin und fühl die Sonne auf deinem Gesicht, den Wind in deinem Haar und nimm die Geräusche um dich herum wahr. Konzentriere dich auf deine Atmung, fülle deine Lunge so gut wie möglich mit tiefen Zügen. Wenn du Lust auf einen Extra-Boost hast, kannst du den Akkupressurpunkt zwischen Daumen und Zeigefinger massieren. Dadurch lösen sich Spannungen aus deinem Körper. Übrigens: Wenn du dabei lächelst, hebt sich automatisch deine Stimmung. Hab einen schönen Tag!

Du hast nichts zu verlieren, wenn du weißt, dass deine Muster kein Pilates machen, sondern Mixed Martial Arts

Ich weiß nicht, wie du so drauf bist, aber vielleicht hast du auch schon mal dein Selbstwertgefühl gepackt und feste in die Tonne getreten. Es würde mich persönlich nicht sehr überraschen, weil ich das jahrelang mit größter Finesse selbst getan habe, indem ich meinen ganz persönlichen Kampfring Leuten zur Verfügung gestellt habe, die mein Innerstes windelweich gedroschen haben. Das ist nicht gerade ein tolles Gefühl. Aber manchmal muss man eins auf die Nase bekommen, damit man merkt, dass man blutet.

Ich will dir nichts vormachen. Deine Muster kannst du dir ungefähr so vorstellen wie richtig üble Gang-Mitglieder. Sie sehen aus, als würden sie einfach nur ein bisschen herumlungern, aber in Wahrheit machen sie sich genau mit dem Messer die Fingernägel sauber, das sie dir später in den Leib rammen wollen. Muster, die du jahrelang mit dir herumschleppst, sind richtig brutale Zeitgenossen. Darum ist es so wahnsinnig schwer, Entscheidungen zu treffen, die dein altes Muster in Überlebensnot bringen. Der Drogenbaron Pablo Escobar hat sich auch nicht einfach abführen lassen, und genau das ist das Kaliber, mit dem du es zu tun hast. Du musst wahnsinnig aufrüsten und extrem aufmerksam sein, denn das Muster wird sich mit allen Mitteln gegen jede Veränderung wehren. Abgesehen von dem Gekreische und Gestrampel wird es versuchen, dir ein schlechtes Gewissen zu machen. »Das hat doch bisher immer ganz gut funktioniert, wird es sagen, oder »Wer weiß, ob du überhaupt noch mal jemanden findest!«. Vielleicht sagt es auch: »Schon mal darüber nachgedacht, ob die anderen vielleicht doch recht haben? So toll bist du wirklich nicht!« Was immer es für eine Taktik wählt, du kannst sicher sein, dass es so fest wie möglich zuschlagen wird, um seinen Platz zu behaupten. Wie gesagt, Muster tänzeln nicht freundlich um dich herum, sondern sind absolut bereit, dich auf ganz fiese Art in den Boden zu rammen.

Damit das auf keinen Fall passiert, musst du dir klarmachen, dass dein Unterbewusstsein deine Muster steuert – **aber dein Bewusstsein die Macht hat, das zu ändern.**

In meinem Podcast war einmal eine junge Frau zu Gast, die sich seit Monaten von einem Mann hinhalten ließ. Zumindest war das ihr Empfinden. In Wahrheit sendete er eine ziemlich klare Botschaft. Er meldete sich nämlich immer genau dann bei ihr, wenn es ihm in den Kram passte, schmeichelte ihr mit allerlei Quatsch, um seine Stellung zu zementieren und zeigte ihr aber wieder und wieder, dass sie so wichtig nun auch nicht war. Seine Taten widersprachen seinen Worten praktisch zu 100 Prozent und als sie dann schließlich herausfand, dass er vor allem deshalb nie Zeit hatte, wenn sie ihn brauchte, weil er eine andere Freundin hatte, gab sie sich selbst die Verantwortung dafür. Obwohl ihr Bauchgefühl ihr sagte, dass etwas nicht stimmte und ihr klar war, dass man sich in Beziehungen niemals so im Stich gelassen und unglücklich fühlen sollte, sagte ihr Unterbewusstsein, dass sie es nicht anders verdient hatte. Nachdem sie im Podcast darüber gesprochen hatte plagte sie dennoch das schlechte Gewissen, weil sie nicht wollte, dass er sich schlecht fühlte. Dabei hatten wir die beiden ohnehin bis zur Unkenntlichkeit verfremdet. Ihr eigenes Wohlergehen stand also immer noch weit hinter den Bedürfnissen der anderen. Das passiert, wenn alte Muster noch wirken. Du *weißt* intellektuell, dass die richtige Lösung eine andere ist. Aber du *handelst* weiter selbstschädigend, weil dein Muster dir nämlich intern mächtig eins auf die Nase haut und Zweifel streut. Und diese Zweifel verteilt dein Muster wie Wasser in einem Rasensprenger, so lange, bis sie wirklich überall sind.

Muster zeigen sich natürlich nicht nur in romantischen Beziehungen (oder in solchen, die sich dafür ausgeben), sondern in jedem Lebensbereich. Manche Menschen lassen sich im Berufsleben behandeln wie Leibeigene, andere ertragen Attacken innerhalb der Familie, weil sie glauben, dass Familie nun mal das Wichtigste ist und es dort keine Grenzen gibt. Wieder andere versuchen, sich in Gegenwart anderer unsichtbar zu machen, um jeder Art von Begegnung oder möglicher Konfrontation von vorne herein aus dem Weg zu gehen.

Wenn du endlich ein neues Kapitel beginnen willst, dann ist es wichtig zu verstehen, welche Themen in den Haltungen und Handlungen stecken, die du ständig wiederholst. Um dir das zu verdeutlichen, brauchst du einen Stift und ein paar Blätter Papier.

🍸 Date mit DIR: Erkenne deine Muster!

Male auf ein Blatt FÜNF vertikale Spalten.

Über die erste schreibst du: WIEDERKEHRENDES MUSTER
Über die zweite: WIE FÜHLE ICH MICH DABEI?
Über die dritte: WOFÜR STEHT ES?
Über die vierte: WAS WÜNSCHE ICH MIR EIGENTLICH?
Über die fünfte: WIE WAHRSCHEINLICH IST ES, DASS ICH MEINE WÜNSCHE IN DIESEM MUSTER ERREICHE?

Wenn dir noch mehr Dinge einfallen, die du dich zu deinem jeweiligen Muster fragen möchtest, umso besser! Mit diesen fünf Spalten solltest du aber fürs Erste recht gut zurechtkommen. In die erste Spalte gehören Muster wie »Ich date immer den gleichen Typ Mann/Frau/Divers und werde geghostet/verlassen« oder »Wenn mich jemand kränkt, lache ich mit und verfalle danach in selbstverletzendes Verhalten, in dem ich zu viel esse« und so weiter. Es gibt nichts, das zu groß oder zu klein wäre, schreib es auf!

In die zweite Spalte schreibst du, wie du dich fühlst, wenn du in besagtem Muster bist. Nehmen wir an, du datest dich mit jemandem und ahnst instinktiv, dass du deine Angst vor dem Alleinsein betäuben willst, indem du dich scheinbar in diesen Jemand verliebt hast, der so gar nicht zu dir passt. Und der sich auch nicht wirklich für dich interessiert. Ich nehme an, dass du dich traurig fühlst, ungeliebt, depressiv, vielleicht sogar hoffnungslos. Schreib jedes noch so kleine Gefühl auf, das dir in den Sinn kommt. Lächerlich, peinlich, albern, hässlich – einfach alles.

Um die dritte Spalte zu füllen, musst du ein bisschen überlegen. Wofür etwas steht, ist meist nicht auf den ersten Blick zu beantworten. Du könntest jetzt einfach schreiben, dass du dir eben eine Beziehung wünschst, aber das ist nur die Spitze des Eisberges. Vielleicht willst du dich endlich akzeptiert fühlen, vielleicht möchtest du mit deiner Schwester gleichziehen, der Beziehungen viel leichter fallen, vielleicht

hast du das Gefühl, dass du so wenig wert bist, dass du un-
bedingt jemanden brauchst, der dein ganzes Sein legitimiert.
Vielleicht hast du Angst, unsichtbar zu sein. Und so weiter.
Überlege, was wirklich dahintersteckt und schreib es auf. Es
kann sein, dass dir nicht gleich etwas einfällt. Lass dir zur
Not ein paar Tage Zeit.

Spalte vier ist recht einfach zu beantworten. Was du dir
eigentlich wünschst, ist vermutlich nicht das, was dir dein
Muster beschert – weil es sich eben aus einem negativen,
nicht aus einem positiven Selbstbild speist. Wenn wir bei
dem Partnerbeispiel bleiben, dann wünscht du dir wahrscheinlich einfach jemanden, der dich so liebt, wie du bist.
Easy.

In Spalte fünf schreibst du auf, wie wahrscheinlich es ist,
dass dein Muster dir beim Erreichen deines Ziels behilflich
ist. Du kannst »gar nicht« schreiben oder ein bisschen ausführlicher antworten, wichtig ist nur, dass du dir klarmachst,
ob du auf dem richtigen Dampfer bist oder auf dem falschen.
Wenn du möchtest, dann kannst du mir deine Ergebnisse per
Mail als Foto schicken: paulalambertmail@gmail.com. Es
interessiert mich sehr, wie dein Weg aussehen wird.

Innere Stärke erreichst du, indem du deine Kämpfe kämpfst
und nicht, indem du vor ihnen davonläufst. Und lernen, wie
man Schläge pariert, kann man nur, wenn man richtig viel
trainiert.

Bonusfrage: Was ist, wenn mein Muster viel stärker ist als ich?

»Liebe Paula,

ich bin jetzt seit einem Jahr in einer Beziehung mit einem sehr lieben Mann. Er tut wirklich alles für mich, ist nett zu meinen Freunden und kommt mit meinen Eltern gut zurecht, was nicht immer einfach ist. Er hat auch sehr nette Freunde, mit denen er manchmal gerne etwas alleine unternimmt. Das ist ja auch völlig o.k. und ich mache es ja genauso mit meinen Freundinnen. Aber wenn er dann mal weg ist und ich zu Hause bleibe, dann fängt mein Gehirn an, die wildesten Geschichten zu spinnen. Ich denke dann, dass sie wahrscheinlich eine Menge Frauen kennenlernen und mein Freund mit ihnen flirtet. Vielleicht tauschen sie sogar Nummern aus und treffen sich, um Sex zu haben. Wenn er nach Hause kommt, hat mein Gehirn dafür gesorgt, dass er in meiner Einbildung mindestens zwei Affären gleichzeitig hat und sowieso lügt. Ich sage natürlich nichts, denn das ist ja Irrsinn. Trotzdem schmolle ich und bin wahnsinnig unfreundlich zu ihm. Das muss doch aufhören!

Liebe Grüße

Hannah«

»Liebe Hannah,

du hast recht, das muss aufhören. Stell dir mal vor, du
wärst mit einem Mann zusammen, der dir immer dann,
wenn du mal etwas für dich tun willst, ein wahnsinnig
schlechtes Gefühl gibt. Der dich anmault, wütend ist,
misstrauisch und dir alle möglichen Unterstellungen
macht. Wenn du vernünftig wärst, würdest du den Kerl
irgendwann zum Teufel jagen und jeder in deinem
Umfeld würde dir dazu gratulieren. Versetz dich also
mal in seine Position. ER hat Spaß, verbringt Zeit mit
seinen Freunden, tankt auf und kommt zu einer Freundin
nach Hause, die ihn mit Negativität überzieht. Schrecklich, oder? Deine Probleme sind aber nicht seine und
darum musst du deine Muster für dich klarbekommen.
Das heißt nicht, dass ihr nicht darüber reden sollt. Sogar
im Gegenteil! Anstatt ihn anzublöken, rede mit ihm.
Erkläre, dass dein Kopf dir Fallen stellt, in die du immer
wieder hineinfällst – weil du mit dir selbst so unsicher
bist. Und das ist ein Thema, das du durchaus mit einem
Partner erarbeiten kannst. Sprich über die absurdesten
Fantasien, die dir dann kommen (je blöder, desto lustiger), denn es hilft, wenn man über die eigenen Muster
lachen lernt. Und dann überleg alleine oder zu zweit oder
sogar im Freundeskreis, woher diese Angst kommt, dass
dich jemand verlassen könnte. Es ist ein bisschen wie in
der Geisterbahn. Wenn man die Augen nur halb öffnet,
sieht man huschende Schatten und leuchtende Augen.
Wenn du sie ganz öffnest, siehst du schlecht gemachte

Puppen und eine Menge Pappmaché. Und dann hast du
plötzlich keine Angst mehr.
  Alles Liebe
  Paula«

⚡ Power-up-Ritual

Die negativen Erfahrungen, die unsere Seele jeden Tag mitnimmt,
also Stress, Trauma, Ängste oder Ablehnung, setzen sich im Körper
fest, wenn sie nicht ordentlich ausgeleitet werden. Ein schönes
Ritual, das mir auch über die schlechtesten Zeiten hilft, nenne ich
CRAZY HORSE DANCE, nach dem berühmten Varieté *Crazy Horse*.
Mit diesem Ritual, das ich in harten Zeiten wirklich täglich prakti-
ziere, machst du nichts anderes, als durch Spaß das Negative durch
das Positive zu ersetzen. Ich stelle mir dazu vor, dass ich ein Showgirl
bin, eine riesige Kopfbedeckung mit Federn und einen glitzernden
Body trage (Pailletten sind ein Muss!). Das Kostüm sorgt dafür, dass
ich mich automatisch anders bewege und sehr gerade stehe – wahrscheinlich, damit meine imaginäre Kopfbedeckung nicht herunter-
rutscht. Super wichtig für den CRAZY HORSE DANCE ist kitschige,
vielleicht sogar ein bisschen peinliche Musik, idealerweise so etwas
wie aus dem Soundtrack von *Burlesque* oder *The greatest Showman*.
Dreh die Musik so laut, wie es deine Umgebung aushält. Dann stol-
zierst du zunächst auf und ab (denk daran, dass du ein recht schweres Kostüm trägst), um dann deine zu Recht frenetisch gefeierte
Showchoreografie aufzuführen. Dazu gehört natürlich auch, dass
du lauthals mitsingst. Das machst du zwei, drei Lieder lang und du
wirst sehen, dass sich der größte Kummer verzogen hat.

Du hast nichts zu verlieren, wenn du alles daransetzt, glücklich zu sein

Man kann sich nicht weiterentwickeln, ohne in das große, dunkle Loch zu schauen. Ich habe es jahrelang versucht, und glaub mir, es funktioniert nicht. Irgendwann kommt der Tag, an dem du dich deinem Schatten stellen musst – er läuft dir ja sowieso die ganze Zeit hinterher. Falls es dir ein Trost ist, dann lass mich dir sagen, dass es kaum Menschen gibt, die keine Schwere in sich tragen oder miese Muster oder tiefe Verletzungen. Sich in gewisser Weise defekt zu fühlen, ist der Normalzustand, nicht andersherum. Also gibt es keinen Grund, sich zu schämen. Und ich kann dir nur dringend raten, wie verrückt dafür zu kämpfen, glücklich zu sein. Es kann sein, dass du dafür Freundschaften beenden musst. Es ist möglich, dass du dich aus einer Partnerschaft lösen musst. Es kann heißen, eine Arbeitsstelle zu verlassen. Es kann sogar bedeuten, dass du eine harte Grenze zwischen dir und deiner Blutsfamilie ziehen musst. Es ist wahrscheinlich, dass dir das eine wahnsinnige Angst macht, aber tu es trotzdem.

Was auch immer die Konsequenzen sein mögen, entscheide dich immer für das Glücklichsein!

Was einen Menschen glücklich macht, ist natürlich sehr individuell. Dennoch ist die Suche danach universell und so groß, dass die Harvard University 1938 eine der langfristigsten Studien zum Thema Glücksempfinden gestartet hat. Von den 724 männlichen Teenagern, die damals einer lebenslangen Teilnahme zugestimmt haben, lebten 2017 zwar nur noch ungefähr 60, aber insgesamt bestand die Gruppe aus Männern aller ökonomischen und intellektuellen Schichten. Alle zwei Jahre wurden die Teilnehmer über den Zustand ihrer mentalen und emotionalen Gesundheit befragt und gaben so Aufschluss darüber, welche Faktoren dafür sorgten, dass manche Menschen glücklicher waren als andere.

Zwei Faktoren stachen dabei ganz entscheidend heraus. Erstens die Fähigkeit, sich von Menschen, Gedanken und Umständen zu trennen, die dem eigenen Glück im Wege stehen. Und zweitens ein Netzwerk aus wohlwollenden Menschen um sich zu haben.

Eine Grenze zu Menschen zu ziehen, die einem nicht guttun oder die einen nicht akzeptieren wie man ist, ist umso schmerzhafter, je näher sie einem stehen. Das kann eine Mutter sein, die nicht versteht, dass man individuelle Lebenspläne hat oder gar ein ganzes Familiensystem, das einem wie ein Senkblei am Knöchel hängt und sagt: »Warum willst du studieren? Niemand bei uns hat Abitur, das ist auch nicht nötig. Hältst du dich jetzt für etwas Besseres?« Das können aber auch Freunde sein, die einen nur akzeptieren, wenn man wie ein unbezahlter Butler ständig auf Abruf bereitsteht. Was auch immer es ist, ich rate dazu, das Leben genauso sorgfältig zu kuratieren wie eine Kunstgalerie oder eine Plattensammlung. Auszuwählen, wer dich umgeben darf ist etwas, das dir dabei hilft, näher an dich heranzurücken. Leute auszusortieren, die sich weigern, dich als den Menschen anzunehmen, der du bist, ist ein sehr harter, aber heilsamer Schritt.

. . . .

🔊 **SAG'S DIR LAUT:** Es ist völlig in Ordnung, traurig zu sein, nachdem man die richtige Entscheidung getroffen hat. Denn viele dieser Entscheidungen führen dich weit heraus aus deiner Komfortzone oder der Behaglichkeit des Wegguckens.

. . . .

Manchmal reicht es auch schon, die innere Haltung zu der jeweiligen Person zu verändern, um zu verstehen, dass deren Bedeutung nicht mehr ganz so groß wie zunächst erhofft, vermutet oder erwartet ist.

Grenzen dort zu ziehen, wo Umstände der Sache nicht mehr dienlich sind, ist unglaublich erleichternd. Auch das ist ein Akt der gelebten Selbstliebe.

Was ich meine, kann ich mit einem ganz praktischen Beispiel erklären. Mein liebster ungarischer Psychoanalytiker, den du vielleicht schon aus *Finde dich gut, sonst findet dich keiner* kennst, hat mir einmal erzählt, wie ihn sein Großvater als Zwölfjährigen eines Tages mit in den Weinkeller genommen hat, um mit ihm einige seiner besten Flaschen zu entkorken. Aus jeder Flasche füllte er etwas in zwei Gläser und gab sie seinem Enkel zu trinken, erzählte von den Weingütern, von denen sie stammten und welche Details man mit etwas Übung herausschmecken konnte. Die Lektion lag nicht darin, die Finger vom Alkohol zu lassen oder gar Trinker zu werden. Sondern darin, den Jungen für alles Minderwertige zu verderben. Ich finde, dass man diese Übung auf jede Lebenslage übertragen kann. Es gibt ein bestimmtes Niveau, das einfach nicht unterschritten werden darf. Frag dich immer, wenn du in einer Situation bist, in der du dich nicht wohlfühlst, folgenden Satz: Ist das mein Niveau oder nicht? Wenn die Antwort *Nein* lautet, dann dreh dich um und geh.

Bonusfrage: Kann ich das überhaupt tun? Ich kenn' sie doch schon ewig!

»Liebe Paula,
es ist wirklich nicht einfach. Meine beste Freundin und ich kennen uns schon seit dem Kindergarten. Sie war bei allem, was mein Leben ausmacht, dabei. Mein erster Kuss, mein erstes Mal betrunken sein, mein erster Clubbesuch. Irgendwann habe ich gemerkt, dass sie sich vor anderen über mich lustig macht. Also zum Beispiel, wenn jemand im Club einen Witz macht, dann sagt sie Sachen wie: ›Den erkläre ich dir später‹ oder wenn mir jemand ein Kompliment macht, dass ich hübsch aussehe, dann sagt sie: ›Das Schminken hat sie von mir

gelernt!‹ Mir ist klar, was passiert und auch, dass sie
nicht gemein ist, sondern nur selbst unsicher, aber ich
habe inzwischen Freundinnen, die mich aufbauen und
zu mir stehen. Sie ist eifersüchtig, weil ich den neuen
Freundinnen mehr Sachen erzähle und meint, dass ich
gutgläubig sei, jemandem, den ich noch nicht so gut
kenne, Privates anzuvertrauen. Manchmal habe ich das
Gefühl, wir kennen uns gar nicht mehr. Verstehst du,
was ich meine?

  Viele Grüße
  Sophie«

»Liebe Sophie,
ich verstehe sehr gut, was du meinst. Und ich finde toll,
dass du schon verstanden hast, dass nichts von dem,
was deine Freundin zu dir sagt, wirklich etwas mit dir
zu tun hat. Dass sie ein schwaches Selbstwertgefühl
hat, ist schade, aber natürlich darf sie das nicht an dir
auslassen. Dein Impuls ist völlig richtig. Wenn es richtig gut läuft, dann entwickeln wir uns weiter. Und
dann kommen wir irgendwann an einen Punkt, an dem
wir unsere Freunde oder auch die Familie mit anderen
Augen sehen. Es passt dann einfach nicht mehr. Und
darüber kannst du ehrlich sprechen, indem du dir solche
Kommentare verbittest und ihr klipp und klar sagst, dass
du mit niemandem befreundest bist, der dich schlecht
oder abwertend behandelt. Ob sie sich dann selbst so
weit entwickeln möchte, dass sie dir wieder eine richtige

Freundin sein kann, ist ihr überlassen! Aber wenigstens
weiß sie dann, woran sie ist, weil du klare Grenzen
gezogen hast. Und wo du klar bist, können sich andere
entwickeln. Weiter so!

Alles Liebe
Paula«

⚡ Power-up-Ritual

Die Angst vor dem Verlassenwerden ist etwas, mit dem sehr viele
Erwachsene, die als Kinder schwer verletzt wurden, zu kämpfen
haben. Die Angst ist so monumental und übermächtig, dass Menschen sich lieber in schlechter Gesellschaft bewegen als in gar
keiner. Ein großer Trigger ist es, alleine zu essen. Ohne Begleitung
in ein Restaurant zu gehen, ist für viele, egal ob in Beziehung oder
nicht, eine so große Überwindung, dass sie eher etwas auf die
Hand kaufen und dann schnell im Gehen verspeisen, als sich den
Blicken anderer auszusetzen. Falls du schon einmal jemanden alleine im Restaurant gesehen hast, weißt du sicher, dass von diesen Menschen sogar eine große Würde ausgeht. Während du dir
vielleicht in der gleichen Rolle Gedanken machst wie »Oh Gott,
jetzt denken alle bestimmt ich bin ein totaler Loser und habe keine
Freunde« oder »Bloß nicht kleckern, du wirst von allen beobachtet«, ist nichts davon der Fall. Die Leute kümmern sich zu 90 Prozent ausschließlich um ihren eigenen Kram und die restlichen
10 Prozent können dir völlig egal sein. Falls du zu den Menschen
gehörst, die sich mit dem Alleinsein schwertun, ist das *Dinner
for One* eine schöne Übung, um dich mit deinen Ängsten und

negativen Gedanken, die du damit verbindest, zu konfrontieren. Sollte es in den kommenden Jahren noch Restaurants geben, in denen man auch sitzen darf (was ich doch schwer hoffe), dann wird es dir guttun, dir mittags oder abends einen Tisch zu reservieren, um dort alleine zu essen. Ruf vorher an und sag, dass du einen Tisch möchtest, der nicht zu weit abseits steht und von dem aus du gut sehen kannst. Die meisten Restaurants werden das möglich machen. Nimm dir Zeit dafür und stopf dir nicht einfach nur schnell etwas rein. Bestell dir ein Getränk und das auf der Karte, worauf du am meisten Lust hast. Mittags zu gehen hat gegenüber abends den Vorteil, dass du auf die Mittagskarten zurückgreifen und eine Menge Geld sparen kannst. Lass dein Handy dabei bitte in der Tasche und sieh dich aufmerksam um. Du wirst schnell spüren, dass dir weder Gefahr droht, noch jemand merkwürdig findet, was du tust. Auch wenn dein monatliches Budget schmaler ist, kannst du diese Übung praktizieren. Es funktioniert auch mit einem Glas Wein in einer Bar oder mit einem Stück Kuchen im Café.

Du hast nichts zu verlieren, wenn du auf deinen Bauch hörst

Wenn der Bauch grummelt, dann ist es nicht immer Hunger. In Sachen Entscheidungen haben alle Menschen das gleiche Potenzial sich für oder gegen sich zu entscheiden. Nur haben manche den inneren Kompass so fein eingestellt, dass sie sofort wissen, ob eine Entscheidung die richtige ist oder die falsche.

Das Bauchgefühl zu trainieren bedeutet, blind und barfuß durch ein Zimmer zu laufen, in dem der ganze Boden mit Lego-Steinen übersät ist. Es wird so lange wehtun, bis man verstanden hat, welche Stellen besser zu meiden sind und wo die großen Platten sind, auf denen man ganz bequem laufen kann. Es ist eine Reise, die zunächst mal ins Ungewisse führt.

Stell dir vor, du fliegst mit dem Raumschiff Enterprise durch das Weltall. »Das Leben, unendliche Weiten. Wir schreiben das Jahr 2021. Dies sind die Abenteuer des Raumschiffs *ICH*, das mit seiner Besatzung unterwegs ist, um fremde Wesen zu erforschen, neues Leben und neue Verhaltensweisen. Viele Lichtjahre von alten Mustern entfernt dringt dieses Raumschiff in Erkenntnisse vor, die nie ein Mensch zuvor gesehen hat.«

Das ist unser aller Story. Zumindest am Anfang. Jeder von uns hat einen James Tiberius Kirk auf der Kommandobrücke, aber irgendwann in den frühesten Kinderjahren haben ihn sehr viele von uns durch einen feigen Androiden ersetzt, der einem ständig mit seinem Dünkel in den Ohren liegt. »Bist du sicher, dass es nicht doch an dir liegt?«, sagt er oder »Wer weiß, ob du so eine Chance noch mal bekommst!« Dieser Android unterdrückt jede Entscheidung, die Captain Kirk ohne mit der Wimper zu zucken getroffen hätte. Warum? Weil er Angst hat, an Bedeutung zu verlieren. Er schiebt die Verantwortung für das Gelingen der Reise so weit von sich weg wie möglich, legt stattdessen ein paar Feuer zur Ablenkung und macht damit alle Hoffnung auf eine rasche Ankunft zunichte. Aber James T. Kirk ist noch da. Du hörst ihn tief unten im Maschinenraum schimpfen, wo er nervös hin und her läuft und ruft, dass du es anders machen sollst. Leider entscheidest du dich aber zu häufig dafür, auf den halb garen Androiden zu hören, denn schließlich sitzt der auf der Kommandobrücke. Na ja, eigentlich ist die Sache sternenklar: So wirst du bestimmt nicht in unendliche Weiten vordringen, sondern die ganze Zeit schön auf deiner Umlaufbahn bleiben, ohne auch nur das kleinste bisschen zu erforschen.

James T. Kirk, das hast du dir wahrscheinlich schon gedacht, ist dein Bauchgefühl. In Kombination mit Mr. Spock, deinem Verstand also, kriegt er so ziemlich jedes Problem gelöst, wobei es für dich erst mal wichtig ist, nicht auf Mr. Spock zu hören. Der verdirbt einem nämlich manchmal den Spaß. Die Schwierigkeit liegt darin, Captain Kirk zurück auf die Kommandobrücke zu holen. Dafür musst du bereit sein, den Androiden höflich in seine Ladestation zurück zu bugsieren. Er wird sich dagegen wehren, das kann ich dir versichern. Schon zu lange hat er es sich auf dem Stuhl bequem gemacht und er genießt die Macht, die er über dein Raumschiff hat.

Deine Intuition ist dein allerwichtigstes Werkzeug in diesem Leben. Wichtiger als alles, was du in der Schule gelernt hast und wesentlicher als das, was dein Kopf dir sagt. Dummerweise lernen wir schon als Kinder, dass wir uns lieber nicht darauf verlassen sollten, indem wir Sätze hören wie »So weh kann das gar nicht tun« oder »Stell dich nicht so an, da ist nichts«. Wenn Erwachsene im Umfeld eines Kindes zu feige oder zu unfähig sind, sich mit ihren eigenen Ängsten, Fehlern oder Unzulänglichkeiten auseinanderzusetzen, dann entwickeln sie meist eine Strategie, die eigene gelebte Lüge für andere realistisch zu machen. »Das bildest du dir ein« oder »Du wolltest aber so und so sein« und »Daran bist du selbst schuld« reichen häufig, um Captain Kirk in den Maschinenraum zu schicken, weil man sich irgendwann selbst nicht mehr traut. Kinder, die gehänselt werden, misshandelt oder missbraucht, spalten sich von sich selbst ab, um nicht ständig das Gefühl zu haben, in Gefahr zu sein – obwohl sie es sind. Es erfordert viel Tapferkeit und Kraft, diesen Prozess rückgängig zu machen und ich möchte dir zu dem Mut gratulieren, es dennoch zu tun.

Das Bauchgefühl ist nicht irgendein esoterischer Schnickschnack, sondern der pure, unverstellte Ausdruck deines reinen inneren Willens. Dieses System ist bei Weitem nicht fehlerfrei. Wenn es darum geht, komplexe Vorgänge zu entscheiden, die Umstände außerhalb der eigenen Erlebniszone betreffen, zum Beispiel Ernten sinnvoll zu verteilen oder Menschen von einem sinkenden Schiff zu retten, ist die Ratio der Intuition häufig überlegen. Die Intuition ist aber sehr präzise, wenn es um Entscheidungen des persönlichen Erlebens geht. Gerd Gigerenzer, Psychologe und Direktor emeritus am Max-Planck-Institut für Bildungsforschung, hält die Intuition für eine Form der unterbewussten Intelligenz. Kamila Malewska, eine Forscherin der Universität für Wirtschaft und Business in Posen, hat ebenfalls zum Thema Intuition geforscht. Sie kommt zu dem Ergebnis, dass das Bauchgefühl weder irrational noch das Gegenteil der Logik ist, sondern eher ein schnellerer, automatisierter Denkprozess, der sich aus Erfahrung, Wissen und kognitiven Wahrnehmungen speist. Malewska glaubt, dass die Intuition trainierbar ist und ein gutes Werkzeug für die wichtigen Entscheidungen des Lebens ist. Genau wie die meisten anderen Studien kommt auch sie zu dem Schluss, dass es im Leben am günstigsten ist, Intuition und Verstand zu kombinieren.

Um diesen gewünschten Zustand zu erreichen, ist es wie gesagt wichtig, James T. Kirk erst mal wieder nach oben zu lassen. Die meisten Leute, die über kurz oder lang in ernsthafte Schwierigkeiten geraten, haben völlig verdrängt, dass es ihn gibt und geben sich mit dem vagen Gemurmel des Androiden zufrieden. Da unheimlich viele Menschen im persönlichen Umfeld Angst davor haben, Schwächen zu diskutieren oder falsche Entscheidungen zuzugeben, ist es am Anfang ein bisschen so, als würde man im Dunkeln nach einem schwarzen Gegenstand suchen. Du kannst nur ungefähr ahnen, wohin du greifen musst, um bei der Suche weiterzukommen, aber das soll dich auf keinen Fall abhalten. Du musst es machen wie die Maus im Labyrinth, in dem sie ständig gegen Mauern rennt und schließlich durch Versuch und Irrtum lernt. Ein paar Mal wird dein Bemühen in einer Sackgasse enden, aber irgendwann hast du kapiert, welcher der richtige Weg ist, der dich aus dem Irrgarten hinausführt. Geduld sollte einen Großteil deines Proviants auf dieser Reise ausmachen, liebe Maus!

Berichte von der Crew

»Als ich 12 war, hatte ich plötzlich das Gefühl, dass meine Mutter meinen Vater betrügt. Ich konnte nicht so richtig den Finger darauflegen, aber ihr ganzes Verhalten änderte sich. Sie ging zum Frisör, trug nur noch Kleider und war den ganzen Tag bestens gelaunt, nur meinem Vater gegenüber nicht. Irgendwann nahm ich all meinen Mut zusammen und sprach sie auf den Arbeitskollegen an, dessen Namen sie oft erwähnte, weil er so ein Vorbild sei. Natürlich stritt sie alles ab und sagte, dass ich mir das nur einbilden würde. Zwei Monate später zog mein Vater aus und sie stellte mir den Kollegen als ihren neuen Freund vor. Das Schlimmste daran war im Rückblick, dass ich meinem Instinkt danach misstraut habe, obwohl ich eigentlich wusste, dass er mich nicht getrogen hatte.«

Melissa, 32

»Meine Geschichte ist ein totaler Klassiker. Ich hatte Bauchweh und wusste einfach, dass irgendetwas nicht stimmte. Ich konnte weder auf die Toilette noch sonst irgendwas. Mein Hausarzt verschrieb mir Abführmittel, und zwar zwei Wochen lang. Eines Abends waren die Schmerzen so schlimm, dass ich einfach umgefallen bin. Wie sich herausstellte, hatte ich einen Darmverschluss und wäre fast gestorben. Ich kann nur jedem raten, bei Ärzten darauf zu bestehen, dass sie wirklich jede Möglichkeit in Betracht ziehen.«

Asmau, 29

»Von den ersten drei Wochen abgesehen, hatte ich bei meinem Ex-Freund immer ein komisches Gefühl. Aber ich dachte, dass es schon okay ist, wenn jemand so oft mit seiner Mama telefoniert und dass es super nett von der Mutter ist, wenn sie ihm Essen zur Arbeit bringt – und zwar jeden Tag. Nach einem halben Jahr musste ich aus meiner WG ausziehen und schlug vor, dass wir zusammenziehen, weil die Mieten in München wirklich der Wahnsinn sind. Er sagte sofort zu und suchte eine tolle Vier-Zimmer-Wohnung heraus. Zur Besichtigung kam seine Mutter mit – weil er wollte, dass sie auch bei uns einzieht.«

Janin, 26

»Sagen wir so: Im Rückblick hätte ich mir vieles erspart. Es stimmt eben, wenn man ein komisches Gefühl hat. Ich dachte, dass meine Freundin eine Affäre hat, sie stritt es ab und ich wollte ihr unbedingt glauben. Erst nachdem wir uns eine Wohnung gekauft hatten, rückte sie mit der Sprache raus. Zum Glück konnten wir gewinnbringend verkaufen.«

Tobias, 39

»Ich habe mal auf Tinder einen Typen kennengelernt, der echt nett wirkte. Wir schrieben ein bisschen hin und her, aber dann bekam ich plötzlich das Gefühl, dass irgendetwas komisch war. Eigentlich *wollte ich nicht, aber ich ging trotzdem in das Restaurant zu unserem ersten Date – wo er mit seinen Eltern saß und mich als seine Freundin vorstellte.«*

Livia, 25

Auf dein Bauchgefühl zu hören ist also wirklich eine gute Idee. Man muss sich nur trauen. Und üben kann man es auch.

🍸 Date mit DIR: Trainiere dein Bauchgefühl

Es wird noch an weiteren Stellen dieses Buches um dein Bauchgefühl gehen, aber ich möchte dir hier schon mal eine kleine Übung dafür ans Herz legen. Sorry, ich weiß, du bist zum Lesen hier, aber ein bisschen schreiben musst du leider auch. Denn alles, was du aufschreibst, kann erstens besser von deinem Unterbewusstsein verarbeitet werden und zweitens kannst du deine Arbeitsblätter archivieren und immer wieder anschauen und ergänzen.

Diese Übung ist ganz einfach. Schreib dir auf eine Seite eines Blattes Situationen auf, in denen du nicht auf dein Bauchgefühl gehört hast. Auf der anderen Seite schreibst du auf, wie du in der jeweiligen Situation reagiert hättest, wenn du auf deine Intuition geachtet hättest. Schreib auf, wie sich die Situation angefühlt hätte und wie sich die Umstände zu deinen Gunsten verändert hätten. Das kannst du übrigens immer wieder tun, indem du dir einfach ein Heftchen und einen Stift einpackst, egal, wohin du gehst. Das wird dir helfen, ganz bewusst auf deine innere Stimme zu hören und Situationen zu erkennen, in denen dein Muster deine Intuition überstimmt.

Die eigene Intuition speist sich aus dem Wissen, dass das persönliche Empfinden wahr und richtig ist. Seine Intuition (oder Bauchgefühl, je nachdem, wie du es nennen willst) muss man füttern, bis sie so richtig schön prall und fett ist. Sie ist nämlich das Fundament dessen, was wir gemeinhin Selbstwertgefühl nennen. Das Selbstwertgefühl ist deshalb so wichtig, weil es das Niveau festlegt, auf dem wir anderen erlauben, uns zu behandeln. Und, du ahnst es, wenn dieses Niveau ziemlich niedrig ist, werden die Leute eine Menge Sachen mit dir machen dürfen, die dich verletzen, kränken und traurig machen, ohne dass du sie davon abhältst.

Selbstwertgefühl – Moment mal, was?

Das Wort Selbstwertgefühl trägt genau die drei Worte in sich, auf die es zu achten gilt. Selbst, Wert und Gefühl. Es bedeutet nichts anderes, als ein Gefühl dafür zu entwickeln, was man sich selbst wert ist, was wiederum heißt, dass man Standards hat für die Art, wie andere Menschen einen behandeln und für die Art, wie man sich selbst behandelt. Die meisten erwachsenen Leute behandeln das Selbstwertgefühl wie etwas, das man von außen beeinflussen kann, indem man zum Beispiel auf Social Media viele Likes kassiert oder besonders viele Komplimente einheimst. In Wahrheit erreicht man echtes Selbstwertgefühl als Erwachsener nur durch Profilschärfung und Schutz des eigenen inneren Kerns. Wer seine Standards ständig untergräbt, baut sein ohnehin schon marodes Selbstwertgefühl weiter ab und rutscht in einen emotionalen Burn-out. Es hilft, sich die eigenen Werte und Vorstellungen aufzuschreiben, um dann alles andere im Leben danach zu bemessen. Wusste schon Aschenbrödel: Die Schlechten ins Kröpfchen, die Guten ins Töpfchen!

Als Kind war ich wahnsinnig verklemmt. Mir konnte das größte Unrecht geschehen, ohne dass ich die Zähne auseinanderbekommen hätte. Eher hätte ich mir die Zunge abgebissen, als jemandem zu erzählen, dass ich jeden Tag alleine essen musste, weil sich niemand die Mühe machte, mit mir zu essen und dass ich manchmal schweißgebadet nachts wach lag und auf jedes geisterhafte Knacken hörte, weil sonst niemand in der Wohnung war, der auf mich aufgepasst hätte. Wäre ich heute wieder Kind und könnte mit mir selbst sprechen, dann würde ich mir unbedingt raten, mein Leid mitzuteilen. Den Lehrern zu sagen, dass ich zu spät kam, weil der Strom abgeschaltet war und mein Radiowecker nicht ging und den Eltern meiner Freunde sagen, dass ich mir auch so ein gesittetes Abendessen wünschte, wo man einander die Schüsseln reicht. Und später, wenn ich neben irgendeinem Typ lag, mit dem ich mich nicht besonders wohlfühlte, habe ich nicht gedacht: »Also, so richtig passen tut das jetzt nicht.« Sondern »Es liegt sicher an mir, dass ich mich nicht wohlfühle.« Keine Ahnung, ob du dich in ähnlichen Situationen wiedergefunden hast, aber ich kann dir nur raten, dich so schnell wie möglich da heraus zu entwickeln. Je eher, desto mehr Zeit bleibt dir für das richtige Leben.

Mit einem miserablen Selbstwertgefühl durchs Leben zu laufen ist ungefähr so, als würdest du mit einem Bauplan, den ein betrunkener Tierarzt gezeichnet hat, ein Haus bauen. Der weiß zwar ungefähr, wie ein Haus aussieht, aber von den Details hat er keine Ahnung. Zum Beispiel von Statik. Ohne Statikkenntnisse kann man aber kein Fundament bauen. Und wenn das Fundament Mist ist und dazu noch die Wände schief sind, werden weder das Schlafzimmer noch das Wohnzimmer und auch nicht die Küche auf sicherem Grund stehen. Witzigerweise ist es genau das, was viele Leute versuchen. Ohne nachzusehen, was mit dem Fundament nicht stimmt, basteln sie immer neue Zimmer und Kämmerchen an ihr Häuschen und wundern sich, dass es wieder und wieder einstürzt, bis sie irgendwann mehr oder weniger obdachlos sind.

Ich werde häufig gefragt, wie und wo man am besten anfängt, an seinem Selbstbild zu arbeiten. Der Weg ist natürlich für jeden ein anderer. Für mich ist der richtige Weg gewesen, mitten in den Schmerz zu hüpfen. Andere brauchen ein zartes Entblättern der unteren Schichten. Ich kann dir meinen Weg empfehlen, wenn du aushältst, dich eine Zeit lang richtig schlecht mit dir selbst zu fühlen, weil sich vieles auf einmal löst. Wenn du weniger resilient bist, dann nimmst du dir einfach die Zeit, die dir richtig erscheint. Du kannst dir einen Psychologen oder eine Psychologin zur Seite stellen oder du nimmst an meinem virtuellen Coaching teil (Details gibt es auf www.paulalambert.de), ganz egal. Das Wichtigste ist, dass du jemanden hast, der dich bei der Stange hält.

Irrtümlicherweise nehmen die meisten Menschen an, dass der Beginn der Lösung beim Problem direkt anfängt. Das Problem, das sich bemerkbar macht, also dauerhaftes Unglück in der Liebe, miese Jobs, ein schlechtes Körpergefühl etc. ist aber nur ein Symptom, das einen darauf hinweist, dass in der Basis etwas ganz und gar nicht stimmt. Wie bei einer Krankheit ist es hilfreich, nicht zu lange in den Symptomen herumzustochern, sondern zu schauen, wo das Problem seine Ursache hat. Einfach gesagt: Wenn deine Nase läuft, weil du allergisch gegen Äpfel bist, hilft es dir zwar, Nasenspray zu benutzen. Wenn du aber weiterhin Äpfel isst, wird sich nichts an deinem Zustand ändern.

Es gibt Menschen, die führen ein Leben, ohne jemals auf ihre Intuition zu hören. Sie bauen sich ihre ganze Existenz nach dem Baukastenprinzip und ihre Steine heißen »Das macht man aber so«, »Es läuft doch alles« und »Muss ja«. Viele von ihnen würden sich sicher als zufrieden beschreiben und halten das, was sie haben, für das absolute Nonplusultra. Du bist keiner von diesen Menschen, sonst wärst du nicht hier. Du hast das Gefühl, dass du dein Leben noch nicht so richtig am Wickel gepackt hast und das Gute daran ist, dass du genau deshalb noch unheimlich viele Abenteuer und Triumphe vor dir hast.

Aus dem fiesen Kreislauf des mangelnden Bauchgefühls herauszutreten ist eines der besten Dinge, die du für dich in deinem Leben tun kannst. Denn nicht auf die Intuition zu hören oder nicht genau zu wissen, was dieses unruhige Rumpeln im eigenen Inneren überhaupt ist, verstärkt das Gefühl des eigenen Versagens umso mehr und sorgt dafür, dass man noch häufiger falsche Entscheidungen trifft.

Sich den eigenen Mist anzugucken ist unangenehm und auch ein bisschen eklig, weil meistens eine Mengel Glibber mit hochkommt, wenn man einmal den emotionalen Pümpel ansetzt. Darum versuchen viele Menschen, den Weg des scheinbar geringeren Widerstands zu gehen und lassen einfach alles so, wie es ist. Aber du weißt ja schon, wie es im Leben läuft. Ist die Scheiße erst mal weg, fließt das Wasser wie von alleine.

Allein den Pümpel in die Hand zu nehmen, erfordert schon ziemliche Überwindung. Blöderweise lernt fast niemand von uns, für sich einzustehen, übrigens genauso wenig, wie Toiletten zu reparieren. Dabei wäre beides sehr nützlich und würde einem eine Menge Gerenne ersparen. Im Grunde macht man bei der Heilung des eigenen Ichs nichts anderes, als wenn man versucht, eine verstopfte Toilette zu reparieren. Du setzt den Pümpel möglichst luftdicht an und pumpst so lange, bis der Schlick sich lockert und löst. Und genau wie bei der Toilette werden eine Menge Dinge hochkommen, die du lieber nicht sehen möchtest. Aber, und hier wird es interessant, du tust gut daran, sie dir genau anzusehen. Denn nur so verstehst du, was grundsätzlich schiefgelaufen ist.

Das Klobild passt insofern ganz gut, weil wir häufig den Spruch »Ich habe in die Scheiße gegriffen« verwenden. In die Scheiße zu greifen hat eine Menge Nachteile, das gebe ich zu. Es stinkt, es ist wahnsinnig eklig und darum wollen wir es so selten wie möglich machen. ABER: In die Scheiße zu greifen, hat auch eine Menge Vorteile. Erstens sind Erlebnisse, die wir nicht wiederholen wollen immer gut, weil sie sich ins Gehirn einbrennen und dafür sorgen, dass wir sie nicht vergessen (und später hoffentlich darüber lachen können). Zweitens kann man daraus vortrefflich lernen. Und drittens ist jedes Erlebnis, das man in eine schlussendlich positive Erfahrung umwandelt ein absolutes Geschenk.

Mit dem Lernen ist es natürlich so eine Sache. Wenn du als Kind laufen können möchtest, musst du unzählige Male aufstehen, dich mühsam irgendwo hochhangeln – um dann krachend umzufallen. Lernen ist meistens eine ziemlich frustrierende Angelegenheit. Bis man eines Tages merkt, dass man schon länger nicht gefallen ist.

Insofern rate ich dir, die Dinge aus der Vergangenheit, die du im Lernmodus selbst verursacht hast, nicht allzu krumm zu nehmen. Ich habe Wochen damit verschwendet, »Jetzt muss ich aber wirklich in eine andere Stadt ziehen« oder »Ich kann mich NIE WIEDER da blicken lassen« zu denken, um dann festzustellen, dass wirklich nichts so heiß gegessen wird, wie es gekocht wird.

Ein Beispiel. Mit Anfang 20 war ich in einen Mann verknallt. Im Nachhinein betrachtet war ich nicht in ihn verknallt, sondern in die Idee, verliebt zu sein und zurückgeliebt zu werden. Der Glaube, dass der Nächste sicher der EINE wäre, der mich aus meinem miesen Gefühl retten würde, war so stark, weil mein Unterbewusstsein mir ständig das Gegenteil suggerierte, nämlich, dass ich niemals jemanden finden würde, der mich lieben wird. Nach wochenlangem Hickhack mit diesem Mann, in denen ich ihm am Hals hing wie ein lästiger Husten, er versuchte, mich abzuwehren und ich ihm dann meistens keine andere Wahl ließ, als Sex mit mir zu haben, (indem ich ihn in Situationen brachte, in denen es jedem schwerfällt abzubrechen), veranstaltete er eine Abschiedsparty, weil er die Stadt verlassen wollte. Ich nehme an, er wollte auch schon vorher weg aus Berlin, aber wer weiß.

Jedenfalls war ich mehr oder minder eingeladen, und mit »mehr oder minder« meine ich, dass er etwas gesagt hat wie: »Du, da kommen wirklich nur ein paar Leute, die kennst du alle nicht.« Natürlich habe ich mir das übersetzt in »Oh toll, dann lerne ich endlich mal seine Freunde kennen, die er so sorgsam vor mir versteckt hat, der kleine Schlingel«, anstatt in seine Sprache, in der er gesagt hatte: »BITTE KOMM AUF KEINEN FALL«. Da mein Bauchgefühl stark rumpelte und ich natürlich tief in mir wusste, dass er in Wahrheit kein besonders großer Fan von mir war, nahm ich meine Freundin mit. Die achtete leider nicht im Geringsten darauf, wie viel ich trank und so endete es damit, dass ich irgendwann lautstark verkündete, dass nun alle gehen müssten, weil ich jetzt hier übernachten würde. Und das nach einem Abend, an dem der Mann ungefähr drei Worte mit mir gewechselt hatte. Es brauchte zwei Leute, um mich von der Party zu entfernen und selbst nachdem meine Freundin mich in ein Taxi bugsiert hatte, streckte ich den Kopf aus dem Fenster und schrie: »Keine Angst, ich komme gleich wieder!«

In dem Fall war es ganz gut, dass der Typ weggezogen ist, sonst hätte ich mich sicher noch mehr geschämt. Erst im Nachhinein fiel mir auf, dass mich an ihm vor allem die Präzision seiner Bauchmuskulatur begeistert hatte und ansonsten allein meine Verzweiflung für meine eingebildete Liebe verantwortlich zeichnete. Ich war so verzweifelt, dass ich mich tatsächlich jedem, der in mein recht simples Geschmacksraster (Hauptsache groß und irgendwie attraktiv) passte, vor die Füße warf und hoffte, dass irgendjemand nicht über mich hinwegsehen würde. So funktioniert das natürlich nicht.

Gewagt mich zu zeigen, habe ich erst viele Jahre später und interessanterweise hat das Fernsehgeschäft entscheidend dazu beigetragen, mit Scheinwerfer und Glitter. Vor der Kamera sein zu müssen hat mein falsches Ich so sehr in die Ecke gedrängt, dass das echte Ich irgendwann nicht mehr anders konnte, als aus sich herauszukommen.

Ein entscheidender Faktor dafür war, zu sagen, was ist. Wenn ich mich an meine früheren Unterhaltungen mit Menschen erinnere, war der Wunsch, irgendwie akzeptiert zu werden, so stark, dass ich mich auch mit Menschen umgeben habe, die mir ein eindeutig schlechtes Gefühl gegeben haben. Aber je mehr ich mich getraut habe, meine Wahrheit auszusprechen, umso weniger dieser Menschen wollten in meiner Nähe sein. Es gibt in allen Lebensbereichen Leute, die eher Claqueure und Applaus suchen als wirkliche Verbindung. Dann gibt es jene, die egal in welcher Lebenssituation höchstens Oberflächlichkeiten austauschen wollen. Ich habe für mich festgestellt, dass mich solche Menschen dazu treiben, von mir selbst abzurücken und mich wieder zu verstecken. Das fühlt sich heute nicht gut an und hat es auch damals nicht getan. Aber im Gegensatz zu damals spüre ich heute, welche Menschen ich gerne an meiner Seite habe und welche eben nicht.

Ich habe für mich entschieden, dass es einfacher ist, die Schlechten ins Kröpfchen und die Guten ins Töpfchen zu sortieren, als meine Energie darauf zu verschwenden, mich zu verstecken. Diese Methode birgt einen entscheidenden Vorteil. Wenn du dich wieder und wieder ehrlich zeigst, mit all deinen Ängsten, Sorgen, Blödsinnigkeiten und ja, auch den schlechten Eigenschaften, dann lernst du, wie es sich anfühlt, ehrliches Interesse gespiegelt zu bekommen. Und glaub mir, du willst nur Menschen in deinem Leben haben, die sich wirklich für dich interessieren.

Du hast nichts zu verlieren, wenn du die Wahrheit sagst

Wie oft ich den Satz »Das weiß aber niemand außer dir« gehört habe, kann ich nicht zählen. Und ehrlich, Leute. Ich fühle mich total geschmeichelt und freue mich über das Vertrauen. Aber hier liegt der Hase im Pfeffer, wie man so sagt. Wenn man etwas, das möglicherweise über den bisherigen oder gar weiteren Verlauf des eigenen Lebens bestimmt, nur einer fremden Person mitteilt, nicht aber denen, die es betrifft, dann wird es schwierig.

Menschliches Miteinander ist kompliziert. Jeder von uns hat eine eigene Geschichte, eigene Ängste und ganz persönliche Vorstellungen, die eigentlich bekannt sein müssten, um ein wirklich realistisches Bild der jeweiligen Person zu bekommen. Ein mögliches Beispiel: Du siehst bei einer Freundin ein Buch, das du gerne ausleihen würdest. Sie zögert, aber du bleibst beharrlich, denn du möchtest es wirklich gerne lesen. Plötzlich spürst du, wie die Stimmung umschlägt und sie patzig wird. Du wirst auch patzig, weil du denkst: »Die blöde, geizige Kuh! Warum leiht sie mir nicht einfach das Buch, ich bringe es ihr doch wieder!« Was du vielleicht nicht weißt, ist, dass sie a) als Kind nicht viel hatte und jedes Stück Eigentum bei ihr von deutlich höherem Wert ist, als du es ihm beimessen würdest. Was du auch nicht weißt ist, dass sie früher häufiger erleben musste, dass ihr Dinge zugesagt wurden (wie »Wir gehen dorthin«, »Du bist in Sicherheit« oder ganz schlicht »Natürlich gebe ich es dir wieder«) und diese Zusagen dann nicht eingehalten wurden. Scheinbar winzige Vorgänge wie das Verleihen eines nicht sehr kostbaren Buches, lösen bei ihr ein Gefühl aus, das sie eigentlich verabscheut, weil es in ihr als Kind große Ängste getriggert hat. Es geht also gar nicht um das Buch, sondern darum, dass sie kein Vertrauen in die Welt hat. Was bei dir ankommt, ist, dass sie eine geizige, neurotische Zicke ist. Das alles wäre zu vermeiden gewesen, wenn sie dir einfach gesagt hätte, warum deine Frage so starke Gefühle in ihr auslöst und woher ihre Ängste kommen. Du hättest dann nicht patzig, sondern mit Verständnis reagiert und vielleicht sogar überlegt, was du unternehmen könntest, damit sie in Zukunft ihre Ängste überwinden kann.

🔊 SAG'S DIR LAUT: Die größte Distanz zwischen zwei Menschen ist nicht räumliche Entfernung, sondern das Missverständnis.

Schreib dir das fett und groß irgendwo hin. Ein Missverständnis entsteht so leicht wie ein Gewitter und richtet mindestens genauso viel Schaden an. Es gibt einen Satz, der Abraham Lincoln zugeschrieben wird, und den ich auf ganz vielen Ebenen richtig toll finde: »Ich mag diesen Menschen nicht. Ich muss ihn noch besser kennenlernen.« Das heißt natürlich nicht, dass es nicht Menschen gibt, die in deinem Leben nichts verloren haben. Aber es gibt eben auch jene, mit denen man täglich zu tun hat und von denen man trotzdem kaum Ahnung hat, was in ihnen wirklich schlummert. Einerseits nichts zu erzählen und andererseits nicht nachzufragen sorgt dafür, dass ein Bild des Gegenübers entsteht, das allein auf Vermutungen basiert und nicht aus substanzieller Wahrheit. Du kennst das sicher auch, eine Meinung über jemanden aufgrund eines vereinzelten Erlebnisses zu haben und dann, ohne groß zu reflektieren, denjenigen einfach blöd zu finden, weil derjenige dich mal krumm angesehen oder einen missglückten Witz gemacht hat. Das ist auch okay, man kann nicht jeden intensiv kennen- und vor allem verstehen lernen. Aber bei den Menschen, die einem so nahe kommen, dass sie eine wirklich wichtige – wie auch immer geartete Rolle – im Leben spielen, muss man die Hosen herunterlassen.

Dabei geht es nicht darum, alltägliche Informationen auszutauschen oder zu sagen, für wen man gerade schwärmt oder wie es in der Beziehung läuft. Es geht darum, sich ganz und gar zu zeigen. Indem man sich anderen offenbart, versteht man die eigenen Bedürfnisse.

Du formulierst deine Wünsche und Hoffnungen (und vice versa) und schaffst dir damit ein Umfeld, in dem du im Idealfall vollkommen akzeptiert wirst. Oder aus dem du dich bewusst verabschieden kannst, wenn du spürst, dass die anderen Menschen eben nicht willens sind, dich in Gänze anzunehmen.

Ich verstehe natürlich, was Menschen zurückhält, sich derart zu entblößen. Nackt sein ist nicht jedermanns Sache. Man macht sich dabei wahnsinnig verletzlich, so sehr, dass einem der Nächstbeste ein Messer in die Seele stecken kann. Ich kann dir eines aber mit großer Sicherheit sagen: Wenn dir jemand im Leben eins reinwürgen will, dann tut er es, und zwar ganz unabhängig davon, ob du deine Seele zeigst oder nicht.

Die meisten Leute glauben mir nicht, wenn ich sage, dass man nichts dabei verliert, sich verletzlich zu zeigen. Ich finde, dass jede Beziehung, und zwar egal ob privat oder beruflich, in der du nur eine stille oder verdünnte Version deiner selbst sein darfst, nicht die richtige Beziehung für dich ist. Und die beste Art, das vor dir und anderen zu entlarven, ist, dich in deiner ganzen Pracht zu zeigen.

Natürlich gibt es Menschen, denen es schwerfällt, über ihre Gefühle zu sprechen. Viele dieser Menschen sind in einem Umfeld aufgewachsen, in dem, egal was oder wie sie es gesagt haben, nie genug war, um gehört zu werden. Solche

Menschen haben sich eine Überlebensstrategie zugelegt, in der sie nichts mehr teilen, weil sie glauben, dass ihre Stimme kein Gewicht hat. Falls du zu diesen Menschen gehörst, bitte ich dich, Geduld mit dir zu haben und den Panzer um dich herum in kleinen Schritten aufzubrechen. Im alltäglichen Kontext »Nein« zu sagen, kann schon helfen, ein Gefühl für die eigene Stimme zu bekommen.

🍸 *Date mit DIR: Dein 1x1 für gute Kommunikation*

Manche Menschen benutzen Gespräche hauptsächlich, um in den Redepausen der anderen ihr eigenes Zeug unterzubringen. Unterhaltungen dieser Art machen meistens hektisch, weil es nicht um Inhalte, sondern um Performance geht. Gerade, wenn man ein Gespräch mit jemandem sucht, mit dem das Verhältnis ein bisschen komplex ist, lohnt es sich, einige Grundsätze zu beachten. Selbst, wenn dein Gegenüber ein unsauberer Kommunikator ist, hilft es, bei diesen Grundsätzen zu bleiben. Ich glaube fest daran, dass schlaue Menschen sich immer an der besseren Alternative orientieren. Manchmal muss man mit gutem Beispiel vorangehen, ohne zu bekommen, was man sich erhofft. Je besser du durchblickst, desto zufriedener wirst du sein! Was übrigens nicht bedeutet, dass man nicht auch mal Fehler machen darf, das wäre ja unrealistisch. Du fährst aber gut damit, wenn du folgende Regeln so gut es eben geht beachtest. Und es geht immer besser, je länger man trainiert!

1. Höre aufmerksam zu

Eines der einfachsten und gleichzeitig stärksten Werkzeuge, um Verbindung mit jemand anderem herzustellen, ist das Zuhören. Jemandem die volle Aufmerksamkeit zu schenken und damit vielleicht sogar ein liebevolles Schweigen ist für die Heilung und die gemeinsame Verbindung nützlicher als wohlüberlegte und gut gemeinte Ratschläge. Das Gleiche gilt auch in hitzigen Diskussionen. Wenn man nicht nur auf die Worte achtet, sieht man die Gefühle, die dahinter zum Vorschein kommen. Und das wiederum hilft dabei, einander zu verstehen. Versuch auch Momente, in denen unangenehme Stille herrscht nicht mit Worthülsen zu füllen. Menschen, die zuhören um zu verstehen, haben größeren Erfolg in ihren persönlichen Beziehungen als solche, die zuhören um zu reagieren. Ein guter Zuhörer schafft für den Gesprächspartner ein sicheres Umfeld und hält sich mit Bewertungen zurück. Kurz zusammengefasst:

* ✤ Versetz dich in die Lage deines Gesprächspartners. Was will sie oder er? Was wird gesagt? Das ist wichtig, weil das Gehirn manchmal Storys fabriziert, die zu den Kernwahrheiten des Zuhörers gar nicht passen.
* ✤ Versuche, Annahmen oder Bewertungen zu vermeiden.
* ✤ Achte auf die Gefühle deines Gesprächspartners. Kommen Ängste, Sorgen zum Vorschein, die dir vielleicht nicht klar waren?
* ✤ Wenn du ihnen antwortest, versuch, die gleiche Sprache zu benutzen. Das nennt man empathische Reflexion.

* Sieh dem Redenden in die Augen, so bleibt auch dein Gehirn besser fokussiert.
* Anerkennende Laute wie »mhm« oder »o.k.« zeigen, dass du zuhörst.
* Achte darauf, dass du die Message wirklich mitbekommst.
* Wenn du willst, kannst du das Gesagte noch einmal laut zusammenfassen, damit wirklich keine Missverständnisse entstehen.

2. Zeig Empathie für dein Gegenüber

Empathisches Zuhören zeigt dem Gesprächspartner, dass du wirklich bereit bist, ihn mit Haut und Haaren zu verstehen. Und das ist etwas, das dafür sorgt, dass sich Menschen unheimlich gut und sicher mit dir fühlen. Es gibt allerdings einen Unterschied zwischen empathischem Zuhören und sklavischer Selbstaufgabe, in der man nur noch für den anderen existiert. Empathisches Zuhören ist auf den Moment fokussiert und es geht nur darum, die wahrhaftige Story herauszuhören. Es geht nicht darum, dem anderen alles recht zu machen!

Menschen lieben es, wenn sie gesehen werden. Um dieses Gefühl zu vermitteln hilft es, sich in das Gegenüber hineinzufühlen und den eigenen Standpunkt in den Hintergrund zu schieben. Eigentlich geht es nur darum, mit dem anderen auf dessen Level zu interagieren, denn das erlaubt dem anderen, sich angstfrei zu äußern und das Gespräch einfach fließen zu lassen.

Damit emphatisches Zuhören gelingt, musst du

🍀 den Gesprächspartner in seinem eigenen Tempo die richtigen Worte für seine Erzählung finden lassen, das heißt, ohne ihn zu unterbrechen oder unter Druck zu setzen.

🍀 aktive Empathie zeigen. Das bedeutet, die eigene Story außen vor zu lassen und dich ganz auf den Standpunkt und das Erleben des anderen einzulassen.

🍀 offene Fragen stellen, also nicht solche, die man einfach mit »Ja« oder »Nein« beantworten kann, sondern »Wie hast du dich dabei gefühlt«, »Was wirst du jetzt tun« oder »Welche Unterstützung würde dir am besten helfen?«. Indem du beständig, aber sanft nachhakst, öffnet sich dein Gegenüber und erzählt dir hoffentlich Dinge, die dir dabei helfen, besser zu verstehen.

3. Achte auf nonverbale Signale

Wenn Menschen sprechen, verrät ihre Körpersprache meist mehr, als ihnen lieb ist. Fasst sich zum Beispiel jemand während eines Gesprächs häufig ins Gesicht, wirkt er auf das Gegenüber häufiger unehrlich als jemand, der eine offene Körperhaltung und einen interessierten Blick hat. An solchen Gesten kannst du erkennen, ob sich jemand mit dem Gespräch wohlfühlt. Sind die Arme verschränkt oder der Körper abgewandt? Dann fühlt sich das Gegenüber nervös und vielleicht sogar bedrängt. Hier hilft es, das Thema für den Moment zu wechseln oder anders anzugehen. Lächelt der Gesprächspartner an den scheinbar falschen Stellen? Dann hat er oder sie möglicherweise das Interesse oder den Faden verloren.

Die Körperhaltung unseres Gegenübers hilft uns auch dann, wenn wir nicht analysieren. Achtet man auf sein Bauchgefühl, kann man meist ohne Probleme erspüren, ob das Gespräch ein fruchtbares ist oder eher zu weiteren Konflikten führt.

Für den Fall, dass du jetzt denkst: »Was soll der Blödsinn, schließlich will ICH doch gehört werden!« kann ich dich beruhigen. Mit jeder Geste, jeder Entscheidung für dich (also auch die, auf welchem Niveau du kommunizieren möchtest), bewegst du dich weiter auf das Standardniveau zu, auf dem du zukünftig dein Leben gestaltest. Und wo du sauber kommunizierst, werden sich die anderen ihrer unsauberen Strategie schneller bewusst. Das führt meist zu zwei möglichen Szenarios. Entweder, die andere Partei hat Lust, sich weiterzuentwickeln. In diesem Fall wird sie sich fast automatisch an den von dir gesetzten Standards orientieren. Oder die andere Partei hat keine Lust, sich zu entwickeln und bleibt lieber in der Deckung. Das erlebt man häufig im Konflikt zwischen Eltern und ihren erwachsenen Kindern, in der zwei Erlebniswahrheiten aufeinandertreffen, aber nicht gehört werden. In solchen Konflikten werden schnell die ganz großen Waffen herausgeholt. »Du bist undankbar«, »Ich wünschte, du wärst mehr wie deine Schwester«, »Wir hätten dich abtreiben sollen« und so weiter. Den Gemeinheiten sind praktisch keine Grenzen gesetzt.

Aber selbst, wenn das passiert, musst du bei deinen Standards bleiben! Wie das funktioniert, selbst wenn das Blut kocht wie Luzifers Frühstücksbrei? Ganz einfach. Wechsel wieder die Perspektive, wie eben beschrieben. Was geht in deinem Gegenüber gerade vor? Welche Ängste kommen gerade hoch (»Ich bin ein schlechtes Elternteil«, »Niemand liebt mich«, »Ich bin ein Versager« usw.) und wie bewusst ist sich dein Gegenüber über seine Ängste? Ist die Person in einem Umfeld großer emotionaler Offenheit aufgewachsen oder im Gegenteil? Ist die Person grundsätzlich bösartig oder lässt sie sich von ihren Ängsten leiten? Indem du dir diese Fragen stellst, wirst du verstehen, dass die verbalen Inhalte des Konfliktes, also »Du bist undankbar« etc. in Wirklichkeit nicht besonders viel mit dir zu tun haben, sondern Auswirkungen einer nicht gelösten Story des anderen sind. Und das ist wirklich bei fast allen Streitereien der Fall. Wenn man das einmal verstanden und verinnerlicht hat, kann man nicht nur effektiver streiten, sondern vor allem viel weniger energieraubend.

Du hast nichts zu verlieren, wenn du dir große Ziele steckst

Wonach wir langfristig alle streben ist die Hoffnung, irgendwann in ruhigen Gewässern zu schwimmen. So ruhig, dass man sogar den Meeresboden und die vielen bunten Fische darin sehen kann. Der Lieblingsbegleiter dieses Wunsches ist der Satz »Beim nächsten Mal werde ich aber wirklich …«, nur, um es dann doch wieder anders zu machen.

Ein wirklich nützliches Werkzeug dafür ist die Meditation. In der Meditationslehre wird der Nichtmeditierende manchmal als Teetasse oder Schneekugel beschrieben, die ständig so wild geschüttelt wird, dass man buchstäblich den Durchblick verliert und den Inhalt vor lauter Gewirbel nicht sieht. Wenn du derart im Chaos bist, wird es dir vermutlich recht schwerfallen, ein Gefühl der Zufriedenheit im Alltag zu erreichen. Du bist eher wie ein Zirkusartist, der von Stange zu Stange rennt, damit die darauf balancierenden Teller nicht herunterstürzen. Nur ist das Leben leider so, dass es sich nicht damit zufriedengibt dir, sagen wir, zehn Teller hinzustellen. Es gibt dir immer mal wieder einen, manchmal auch zwei auf einmal, bis du nicht mehr hinterherkommst und die ganze Chose unweigerlich beginnt, in sich zusammenzufallen.

Meditieren ist also eine gute Idee, denn es ist nichts anderes, als die große Kunst, die Seele zum Atmen zu bringen und den Kopf zu leeren. Du brauchst dafür keinen Zen-Raum und auch keine Räucherstäbchen. Meditieren geht im Grunde überall, sogar im Büro (und wenn dir jetzt auf der Zunge liegt, dass das kein Problem ist, weil dein Kopf im Büro sowieso immer leer ist – wechsel den Job!).

Bei der Meditation lernst du viele verschiedene Dinge. Auf dein Gefühl zu hören, zum Beispiel oder überhaupt Gefühle zuzulassen. Dich von Mustern und äußeren Einflüssen frei zu machen und Klarheit in Denken und Handeln zu erreichen. Kurzum, dir überhaupt bewusst zu werden, wo du dich überall von dir selbst und deinem eigenen Glücksempfinden ablenken lässt, anstatt bei dir zu bleiben. Zu meditieren bedeutet nicht, dazusitzen und gar nicht denken zu dürfen. Sondern zu üben, nicht mehr impulshaft auf alles und jeden zu reagieren. Unter anderem. Und weil dieser Prozess sehr vielschichtig und knifflig ist, dauert es auch recht lange, bis man die Meditation meisterhaft beherrscht. Aber wie so oft im Leben ist auch hier schon der Weg ein großer Teil des Ziels.

Nun ist es eine Sache zu meditieren. Eine ganz andere ist es, dir klar vor Augen zu führen, was du eigentlich möchtest und wer du bist. Und das auch laut auszusprechen. Die meisten Menschen trauen sich nämlich nicht zu sagen, was sie wirklich denken, weil sie Angst vor Ablehnung haben, Angst, infrage gestellt zu werden oder gar mit Liebesentzug bestraft zu werden. Hier kommen wieder unsere Muster ins Spiel. Diese kleinen Scheißerchen krallen sich wirklich in jeder Faser fest und kitzeln Sätze heraus wie:

»Das kann ich nicht.«

»Das bringt eh nichts.«

»Ich habe Angst vor der Reaktion.«

»Ich will niemanden verletzen.«

Also erst mal will ich dir eine Sache sagen:

Du kannst alles. Egal, was du dir in den Kopf gesetzt hast, es wird ziemlich sicher einen Weg geben, das Ganze in die Tat umzusetzen. Von ein paar Ausnahmen vielleicht abgesehen wie »Ich möchte Präsidentin der USA werden« oder »Ich will einen Prinzen heiraten«, gibt es praktisch keine Limits, wenn wir an uns selbst glauben. Und vieles, was uns in die richtige Richtung schubst, passiert, ohne dass wir bewusst etwas dafür unternehmen.

Nachdem ich mit meiner Journalismus-Ausbildung fertig war, fragte mich mein Vater, was ich jetzt vorhätte. Er wollte unbedingt ein festes Ziel, weil für ihn das Leben am einfachsten ist, wenn man sich Zwischenhalte auf der Reise einbaut, die man anpeilen kann. Ich sagte, dass ich am liebsten für das Magazin *Geo* arbeiten würde, weil mich ferne Länder und Menschen am meisten interessierten. Ein paar Monate später, als ich unser Gespräch längst vergessen hatte, bekam ich den Auftrag, über die fünf wichtigsten Ex-Freunde in meinem Leben zu schreiben, also beziehungsmäßig. Es war ein Mordsaufwand, überhaupt fünf zusammenzukratzen (zählt jemand, mit dem man häufiger geknutscht hat, schon als Ex-Freund?), und dann, die Typen wiederzufinden. Einer von ihnen war in der Zwischenzeit drogensüchtig und straffällig geworden, ein anderer konnte sich gar nicht mehr an mich erinnern, was ein echter Downer für das Selbstwertgefühl ist, kann ich dir sagen. Jedenfalls schrieb ich einen rotzfrechen und völlig unreflektierten Artikel über die fabelhaften Fünf. Und drei Tage später rief das *Geo*-Magazin an, um mich für sechs Wochen nach Afrika und die USA zu schicken, weil der stellvertretende Chefredakteur meinen Artikel gelesen hatte und mochte.

Ich kann also nicht behaupten, dass ich aktiv auf meine Verpflichtung hingearbeitet hatte (denn ich wollte nur unterhalten und, wenn möglich, nicht allzu viel Geschirr zerbrechen), aber irgendwie war es eben doch dazu gekommen. Zufall? Schicksal? Vielleicht doch eher etwas wie Fügung?

Ich glaube, und zwar nicht nur wegen der *Geo*-Sache, fest daran, dass man sich Chancen im Leben erarbeiten kann. Wenn man das große Ganze im Blick hat, dann ergeben sich rechts und links immer Gelegenheiten, die das Ziel plötzlich erreichbar machen. Ich möchte dir ein Beispiel nennen, mit dem sich viele dieser Gelegenheiten auch künstlich herstellen lassen. Stell dir einen Raum mit 20 Menschen vor. Nehmen wir weiter an, dass du ein bestimmtes Problem hast, das du alleine nicht lösen kannst. Vielleicht möchtest du einen Angelwettbewerb ausrichten, bei dem alle frisch gebackene Donuts essen sollen, obwohl du weder Ahnung vom Angeln, noch von Donuts hast. Wenn du diese Anforderung in den Raum stellst, »Wer kann mir helfen?«, wirst du vielleicht erst einmal Gemurmel hören. Vielleicht hast du auch Glück und einer der Anwesenden hat einen Angelschein. Ziemlich schnell wird sich aber herausstellen, dass einer sogar einen Teich besitzt, einer jemanden kennt, der Unmengen von Frittierfett loswerden möchte und wieder jemand einen Nachbarn hat, der eine Donut-Maschine im Keller hat. Es ist praktisch unmöglich, ein x-beliebiges Problem nicht zu lösen, wenn man eine bestimmte Menge Menschen um Hilfe bittet.

Dem zugrunde liegt das nicht unumstrittene »Kleine-Welt-Phänomen« des US-Psychologen Stanley Milgram. Milgram führte 1967 an der Harvard-Universität ein Experiment durch, in dessen Verlauf 60 zufällig ausgewählte Personen aus Omaha und Wichita ein Paket an eine bestimmte Person in Boston senden sollten. Die Person war den Teilnehmern unbekannt und die Aufgabe bestand nun darin, das Paket an einen Bekannten zu schicken, bei dem die Wahrscheinlichkeit höher war, dass er die Zielperson persönlich kannte. Insgesamt erreichten zwar nur drei Pakete tatsächlich ihr Ziel, dennoch schloss Milgram daraus, dass jeder Mensch durch maximal sechs Kontakte mit jedem anderen auf der Welt verbunden sei. Diese Schlussfolgerung ist aufgrund der geringen Belastbarkeit der Daten zwar umstritten, entbehrt jedoch nicht einer grundlegenden Ableitung: Die Lösung für nahezu jedes Problem findet sich in einer x-beliebigen Menschengruppe, solange diese nur groß genug ist.

Die Art, mit der wir Menschen miteinander verknüpft sind und welche Möglichkeiten daraus entstehen, fasziniert mich sehr. Ich bin zum Beispiel nur zwei Kontakte von Donald

Trump entfernt, (die Schwester eines Freundes ist mit einem Mann verheiratet, der ihn gut kennt), und einen Kontakt vom Vatikan. Sollte ich spontan entscheiden, Nonne zu werden, könnte das vielleicht von Nutzen sein. Aber was entscheidender ist: Die Einsamkeit, die so viele wieder und wieder spüren ist nicht real, sondern nur ein Ausdruck einer Hand, die ins Leere greift, weil sie nicht weiß, wohin.

Du hast nichts zu verlieren, wenn du den Mut hast, ehrlich zu sein

Ich glaube, dass du inzwischen gut ausgestattet bist, um auszusprechen, was du dir wünschst. Ganz egal, ob du deinen Eltern sagen willst, dass du Tierpfleger:in werden willst anstatt Richter:in wie alle in der Familie. Oder ob du einer miesen Beziehung den Laufpass geben möchtest oder einfach nur sagen, dass du dich wie ein Privatkoch fühlst, weil alle Last bei der Essensbeschaffung auf dir liegt oder deine Freundin endlich aufhören soll, Witze über deinen Hintern zu machen – egal. Jedes Thema ist gleich wichtig. Wenn es dich belastet, ist es wert, ausgesprochen zu werden. Erstaunlich viele Leute sind nämlich bereit, unendliche Verletzungen hinzunehmen, um das Wohl derer zu schützen, die es übel mit ihnen meinen.

Vor einiger Zeit hat mir ein 35-jähriger Mann von seinen Beziehungsschwierigkeiten berichtet. Seiner Empfindung nach trifft er nur Frauen, die sich wirklich Mühe geben, ihn herunterzumachen. »Wir waren ungefähr vier Monate zusammen, als sie anfing, mich vor ihren Freundinnen bloßzustellen. Egal, ob ich dabei war oder nicht, es ging immer nur darum, was für ein Loser ich bin. Einmal waren wir in einer Karaokebar mit Freunden. Sie ist auf die Bühne gestiegen und hat vor sämtlichen Gästen verkündet, dass ich jetzt für alle singen werde. Ich kann gar nicht singen und habe panische Angst davor.« Trotz mehrerer dieser Vorkommnisse blieb er anderthalb Jahre mit ihr zusammen. Über ihre Motive der Selbstverletzung (denn auch sie war nicht glücklich und betrank sich regelmäßig bis zur Besinnungslosigkeit) kann ich nur spekulieren. Bei ihm aber trat nach längeren Gesprächen ein interessantes Muster zutage. Er war von klein auf gewohnt, für sein Wesen abgelehnt zu werden. Die Mutter haderte mit dem Sohn, der ein bisschen übergewichtig war und nicht den Standards ihres Freundeskreises entsprach und wohl auch nicht jenen, die wiederum sie von ihrer Mutter mitbekommen hatte. Zu Geburtstagen schenkte sie ihm stets Diätpillen, Trainingseinheiten und Sporttrikots, nicht wissend, dass das Kind gegen die emotionale Verkümmerung seiner Mutter anfraß. Später, als sein Gewicht zwischen leicht und schwer zu schwanken begann, stellte sie ein Foto aus seinen schlanken Tagen auf und führte jede seiner zukünftigen Freundinnen vor eben jenes Portrait mit den Worten: »Schau mal, so könnte er auch aussehen.«

Der Mann war zutiefst verletzt von den Aussagen seiner Mutter. Dennoch hat er nie etwas gesagt, weil, du ahnst es, »Das bringt sowieso nichts« und »Ich will niemanden verletzen«. Er nahm die Beleidigungen lieber hin und ließ sich selbst verletzen, als ein klärendes Gespräch zu suchen. So wie ihm geht es natürlich vielen. Was könnte passieren, wenn er es dennoch täte?

* Seine Mutter wäre gekränkt, dass er ihr ihre kleinen Spitzen, die doch wirklich nicht so gemeint waren, so krumm nimmt. Vermutlich würde sie sich besonders gekränkt fühlen, weil sie unterbewusst natürlich ganz genau weiß, wie gemein ihre Sprüche sind.

* Er würde sich währenddessen extrem unwohl fühlen, weil er zum ersten Mal die Eltern-Kind-Ebene verlässt und für sich einsteht. Etwas, das er bisher noch nie getan hat.

* Er musste zugeben, dass er Schwächen hat, nämlich das emotionale Essen und die Unsicherheit sich selbst gegenüber. Vielleicht müsste er sogar Beispiele nennen und aufzeigen, wie er sich in der Vergangenheit hat behandeln lassen. Peinlich.

* Alle werden glauben, dass er der Einzige ist, dem so etwas passiert. Man redet über so etwas schließlich nicht.

* Die anderen in der Familie werden sauer sein, weil er den Frieden stört und Mama abends wirklich geweint hat.
* Er wird sicher gefragt werden, ob das denn nun wirklich nötig war, so schlimm sei es ja wohl nicht.
* Eigentlich ist es ja wirklich seine Schuld, wenn er so viel isst, andere kriegen das schließlich auch hin.
* Er hätte ein schlechtes Gewissen. Und so weiter.

Oder:

* Seine Mutter versteht nach einigem Überlegen, dass Liebe bedeutet, einen Menschen in seinen Schwächen anzunehmen und ihm bei der Heilung zu helfen. (Das wäre das wünschenswerteste Ergebnis und erfordert zugegebenermaßen viel Reflexionsvermögen seitens der Mutter.)
* Er versteht, woher sein schlechtes Selbstbild kommt und warum er es fast zwanghaft in seinen Beziehungen bestätigen lassen muss.
* Es kommt zu einem echten Gespräch zwischen beiden, vielleicht sogar mit der ganzen Familie.
* Die Mutter reflektiert über ihre eigene Erziehung und stellt fest, dass sie die Muster ihres eigenen Elternhauses wiederholt, weil sie nie an dem Thema gearbeitet hat.
* Er fühlt sich verstandener als vorher.
* Die Mutter wird behutsamer in ihren Aussagen oder schafft es vielleicht sogar ganz, ihr schädigendes Verhalten abzustellen.
* Er fühlt sich erleichtert.

☿ Date mit DIR: Wo bist du noch nicht ehrlich genug?

Spiel in Gedanken oder schriftlich eine ähnliche Situation durch, die für dich mit großen Ängsten besetzt ist. Das kann etwas Kleines oder ganz Großes sein, egal. Am besten eignet sich ein wiederkehrendes Vorkommnis, zum Beispiel nicht sagen zu können, dass du eigentlich gar keine Lust auf ein bestimmtes Treffen hattest und darum viel zu spät kommst. Oder dass deine Steuererklärung immer noch nicht fertig ist, weil es für dich wahnsinnig konfrontativ ist, dich mit Papierkram auseinanderzusetzen. Oder dass du es in Beziehungen nie schaffst, deine Wünsche zu formulieren, weil du Angst vor Ablehnung hast. Wenn du ein paar Beispiele zusammengetragen hast, kannst du dir diese Fragen stellen: Was wäre das schlimmste, was das beste Ergebnis, wenn du die Wahrheit sagen würdest? Welche Variante würde dir dabei helfen, mutiger für dich selbst einzustehen: weiter bei dem Istzustand zu bleiben oder deine Wahrheit auszusprechen?

Früher war ich ein Mensch, der in nahezu jeder Situation zu ängstlich war zu sagen, was ist. Stattdessen habe ich mich geschämt und schwer erträgliche Situationen einfach ausgehalten. Zum Beispiel, als ich einmal mit einem Typen aus war, der dann im Club mit einer anderen zu knutschen begann. Anstatt wortlos zu verschwinden und nie wieder einen Gedanken an diesen unverschämten Blödian zu verschwenden, blieb ich allen Ernstes daneben stehen und fragte, wann wir denn gehen würden. Aus heutiger Sicht natürlich unfassbar. Aber dieses Erlebnis entsprach ziemlich genau meinem damaligen Entwicklungsstand. Ich fühlte mich wie ein Nichts und ließ mich auch so behandeln.

Jetzt wird es ein bisschen knifflig. Wenn man ein miserables Selbstwertgefühl hat und die Welt mit einem Fußball spielen darf, dann ist es wahnsinnig schwer, die inneren Gedanken und Gefühle auszusprechen. Die Lippen sind wie versiegelt, das Herz rast und nichts, aber auch gar nichts kommt heraus. Stattdessen krabbelt die Scham an einem hoch wie ein bösartiges Tier.

Du kennst natürlich Situationen, in denen sich anderen Menschen gegenüber etwas bei dir aufgestaut hat. Ganz egal, ob es ein Partner ist, Freunde oder ein Elternteil, vielleicht sogar Kollegen. Du schleppst einen riesigen Groll mit dir herum und malst dir vielleicht sogar Szenarien aus, wie du das Problem aus der Welt schaffen kannst, ohne dafür ins Gefängnis zu müssen. Hätte ich alle abgemurkst, auf die ich wütend war oder vor denen ich mich geschämt habe, dann wäre an keiner Kasse in dieser Stadt eine Schlange. Damit wir uns nicht falsch verstehen: Ich habe im Laufe meines bisherigen Lebens eine Menge Mist gebaut. Manche Menschen habe ich verletzt, weil ich mich mit mir selbst weniger mies fühlen wollte, andere, weil ich mich in Dinge eingemischt habe, die mich nichts angingen und dann, am schmerzlichsten, jene, bei denen ich noch nicht aufgeklärt genug war, um Probleme sauber zu lösen. Ich habe einmal gelesen, dass man die eigene Entwicklung als Mensch auch daran sehen kann, dass man sich für denjenigen, der man früher war, schämt. Ich glaube, dass daran viel Wahres ist. Und gleichzeitig finde ich, dass man sich nicht zu sehr in der Vergangenheit verhaken darf, sonst kommt man aus dem Schämen gar nicht mehr heraus. Sich selber an der Nase zu packen und sich mit der eigenen Dunkelheit auseinanderzusetzen, um in Zukunft ein besserer Mensch zu werden, ist nichts anderes, als ein gelebter Akt der Selbstliebe.

Miteinander zu sprechen bedeutet, einander verstehen zu lernen. In der Sprache der Cherokee-Indianer ist »Ich verstehe dich« gleichbedeutend mit »Ich liebe dich«, was ich wirklich wunderschön finde. Den anderen zu verstehen ist essenziell in jeder Form der Auseinandersetzung und obwohl das eigentlich jeder weiß, bemühen wir uns nur selten darum.

Vor Kurzem meldete sich eine Frau bei mir, die ein großes Problem an ihrem neuen Arbeitsplatz hatte. Eine Kollegin guckte sie feindselig an, ohne dass die beiden je miteinander sprachen. Die Frau fühlte sich, als würde Medusa selbst sie verfolgen und machte sich zunehmend kleiner. Es ist schwer, Konflikte in der Theorie zu lösen, also fragte ich sie, was sie davon hielte, die Dame mal anzusprechen. Hätte sich die Situation im Berliner Straßenverkehr zugetragen, hätte sie vielleicht das Fenster runtergekurbelt und gerufen »Hör auf, mich so anzuglotzen, du Fatzke!« Da sich die Sache aber am Arbeitsplatz zutrug, war Aggression keine Lösung (ist es sowieso nie, auch wenn es normal ist, am Steuer zu fluchen wie ein Rohrspatz – zumindest bei mir.). Stattdessen versuchte sie es zivilisiert mit Ich-Botschaften. »Verzeihung, ich weiß, wir kennen uns noch nicht. Mein Name ist XY und versteh mich nicht falsch, aber ich habe das Gefühl, du schaust mich manchmal sehr durchdringend an, sodass ich inzwischen schon ein schlechtes Gewissen habe, obwohl ich meines meines Wissens gar nichts falsch gemacht habe.« Wie sich herausstellte, erinnerte die Frau besagte Kollegin an die neue Freundin ihres Ex-Mannes und während sie nichts persönlich gegen sie hatte (sie kannten sich ja nicht), trug schon die Anwesenheit der neuen Angestellten dazu bei, dass sich die Gedanken der Kollegin verfinsterten. Das Problem war nach dem Gespräch schnell gelöst, genauso übrigens wie die neue Beziehung des Ex-Mannes. Aber das ist eine andere Geschichte.

Was ich damit sagen will: Es lohnt sich fast immer, Dinge direkt anzusprechen. In den allermeisten Fällen im Leben lassen sich Probleme durch ehrliche Worte und Selbstreflexion klären, ohne dass jemand Schaden dabei nimmt. Es gibt einen einfachen Leitsatz dazu.

📢 **SAG'S DIR LAUT:** Sei mit anderen Menschen immer ehrlich darüber, wer du bist, was du möchtest und wie du erwartest, behandelt zu werden.

Die Theorie hier ist, wie immer im Leben, recht einfach. Die
Praxis dagegen ist natürlich der Hammer. Ich weiß das. Gerade wenn es um Eltern geht, ist den meisten von uns der
Mund wie versperrt und viele nehmen Behandlungen hin,
die sie im Freundeskreis schlicht empören würden. Das liegt
natürlich zum einen daran, dass Kinder an Eltern eine wahnsinnig große Bedürfnislast hängen (»Du liebst mich nicht,
wie ich bin« oder »Nie bin ich dir genug« zum Beispiel), und
dementsprechend auch eine Erwartungshaltung (»Du musst
mich aber lieben« oder »Egal, was ich tue, du solltest stolz
auf mich sein«), die in vielen Fällen nicht erfüllt wird. Obwohl also sehr viele Leute echte Probleme in dem Bereich
haben, wird das Thema verblüffend selten diskutiert und darum als logischer Istzustand hingenommen. Das ist ungefähr so, als würde man reiten gehen, jedes Mal abgeworfen
werden und dann sagen: »So geht reiten nun mal.« Ich finde,
wenn man ständig abgeworfen wird, muss man herausfinden, was falsch läuft. Vielleicht liegt es an der Technik, die
man nicht beherrscht, vielleicht ist aber auch das Pferd einfach nur ein bisschen … fehlgesteuert. So oder so, wenn man
irgendwie weiterkommen will, muss man daran arbeiten.
Die meisten Leute trauen sich nicht, ernsthaft in die Aus-

einandersetzung mit den Eltern zu gehen. Was verständlich ist, weil man immer Kind bleibt und absolut geliebt werden will. Gleichzeitig ist es wahnsinnig ungesund, in toxischen Beziehungen zu verweilen.

Eine junge Frau hat mir einmal eine verblüffende Leidensgeschichte erzählt, aber ich verallgemeinere sie etwas, weil ich versprochen habe, dass der Vater sich nicht erkennen darf. Also, nehmen wir mal ganz theoretisch an, du hast Probleme mit deinem Vater. Wenn du nicht mit ihm verwandt wärst, würdest du keine Zeit mit ihm verbringen wollen, weil er ziemlich herrisch ist und andere Meinungen überhaupt nicht wahrnimmt. In seiner Welt gibt es hauptsächlich schwarz und weiß, dabei magst du Farben viel lieber. Aber hey, er ist eben dein Vater. Und wenn du lange genug stillhältst, erbst du vielleicht sogar ein bisschen was, das ist zumindest die Durchhalteparole, die deine Geschwister ausgeben. Das Problem ist, dass er ziemlich jung war, als du geboren wurdest und er bis heute behauptet, dass er ohne dich studiert hätte. Aber so musste er auf den Bau, um seine Familie zu ernähren. Diese Tatsache lässt er bei keiner Gelegenheit aus, übrigens auch nicht, dass er viel lieber Uschi aus dem Nachbarort geheiratet hätte. Die Botschaft ist klar: Du und deine Geschwister seid schuld daran, dass er nicht glücklich ist.

Du verstehst intellektuell, dass das alles sein Problem ist, aber insgeheim wünscht du dir, dass er einfach mal sagt, wie lieb er dich hat. Als du Abitur machst, entscheidest du dich, nicht zu studieren, auch weil er sagt, dass du es eh nicht durchhältst. Du denkst, dass er vielleicht recht hat, so ein Studium ist anstrengend. Also gehst du auch auf den Bau, ackerst dich hoch, arbeitest Seite an Seite mit ihm. Im Baubüro macht er sich lustig über dich, also strengst du dich mehr an. Er stellt dich fest an, weil man das so macht, sagt er. Ein paar Wochen später hast du die erste Gallenkolik. Dann noch eine. Irgendwann wird es so schlimm, dass du nicht mehr auf der Baustelle arbeiten kannst, sondern nur noch im Büro hängst. Er sagt, dass er dir ja gesagt hat, dass das kein Job für eine Frau ist. Aber du bleibst. Und hoffst.

Die junge Frau, die mir das erzählt, weiß, was das Beste für sie wäre. Sie müsste weg, endlich studieren (sie ist deutlich intelligenter und wissbegieriger als er) und könnte dann, wenn sie noch das Bedürfnis hätte, aus der Ferne daran arbeiten, ein paar Dinge geradezurücken. Aber die Hoffnung auf ein Zeichen der Zuneigung ist so stark, dass sie lieber ihre persönliche Freiheit opfert, als ihren Vater in seine Schranken zu weisen.

Häufig finden zwischenmenschliche Beziehungen im Konjunktiv statt. Du müsstest, du solltest und so weiter, als könnten wir alle Gedanken lesen. Der Indikativ ist die bessere Wahl. Du wirst die Haltung dieses Vaters (der hier nur als Beispiel dient, es kann auch eine Freundin sein oder irgendjemand aus deinem täglichen Leben) nicht ändern können. Es ist sein Thema, seine Erwartungshaltung und seine

Art, Menschen zu begegnen. Damit du nicht verletzt wirst, kannst du aber deinen Ansatz ändern. Du kannst Raum schaffen für Verständnis, indem du aus der inhaltlich-emotionalen Ebene (er müsste dich unterstützen und stolz auf dich sein) auf die inhaltlich-sachliche Ebene wechselst.

Meiner Meinung nach geht das am besten, indem du preisgibst, wer du bist. Es gibt eine ziemlich große Chance, dass der Mensch, mit dem du einen dauernden Konflikt austrägst, in Wahrheit keine Ahnung von dir hat. Er wird sich möglicherweise auch nicht ändern, wenn er sie einmal hat und seinen Standpunkt auch dann noch bis aufs Blut verteidigen, aber das ist nicht dein Problem. Dein Job ist es, echt und ehrlich mit dir selber zu sein. Das ist das, was man Authentizität nennt.

Mir ist es ehrlich gesagt deutlich wichtiger, dass du ehrlich mit deinen Gefühlen umgehst, als dass dein Gegenüber Verständnis für dich entwickelt. Wenn du zum Beispiel sagst: »Jedes Mal, wenn du dich über meinen Job lustig machst, komme ich mir vor, als wäre ich fünf Jahre alt. Das ist ein schreckliches Gefühl und ich möchte das nicht mehr. Ich habe mir diese Arbeit ausgesucht, weil sie mich interessiert und mir Spaß macht und ich würde mich freuen, wenn du mich unterstützen würdest«, dann teilst du erstens deine wahren Gefühle mit. Zweitens ziehst du eine Grenze (»Ich möchte das nicht mehr«), drittens forderst du dein Gegenüber auf, aktiv statt passiv zu sein (»Unterstütze mich«).

Also ein Dreifachsieg für dich. Es ist gut möglich, dass die andere Partei in eine Verteidigungshaltung verfällt und Dinge sagt wie »Das war doch nur Spaß« oder »Nun sei doch nicht so empfindlich«. Und selbst wenn derjenige sich vor Lachen auf dem Boden kringelt und laut ruft, was für eine blöde Kuh du bist – egal. Du hast deinen Standpunkt klargemacht und eine Grenze gezogen, die ab jetzt nicht mehr unterschritten werden darf.

. . . .

📢 **SAG'S DIR LAUT:** Wachstum ist schmerzhaft. Veränderung ist schmerzhaft. Aber nichts ist so schmerzhaft wie irgendwo festzuhängen, wo du nicht mehr hingehörst.

. . . .

Das Interessante an Gesprächen, die ans Eingemachte gehen, ist, dass wir uns meistens vorher unglaubliche Horrorszenarien ausmalen, was passieren wird und wie sehr alles danach den Bach heruntergeht. Die Wahrheit ist vor allem, dass schon mit dem ersten Satz ein Großteil der inneren Panik der Erleichterung weicht, dass wir endlich ausgesprochen haben, was so lange in uns köchelte.

🍸 *Date mit DIR: Sage, was ist!*

Es ist schwer, ich weiß. Und es ist mühsam, negative Gefühle auszuhalten. Aber es ist so wichtig. Genau wie in Trennungsgespräche sollte man auch in Gespräche, in denen man die Karten über die eigenen Gefühle auf den Tisch legt, nicht vollkommen unvorbereitet gehen und solche Gespräche niemals aus der Wut heraus oder im Affekt beginnen. Egal, wem du was sagen möchtest, schreib dir vorher auf, was es ist und warum dich das Thema beschäftigt, verletzt oder warum du dir Sorgen dazu machst. Wenn du ganz fleißig bist, dann schreibst du dir sogar auf, wie deine Mechanismen aussahen, um der Verletzung, die das Thema in dir ausgelöst hat, aus dem Weg zu gehen. Vorbereitung ist deshalb wichtig, weil das Gespräch möglicherweise abläuft wie eine Diskussion mit einem Verschwörungstheoretiker: Egal, was du sagst, es wird dir so lange im Mund herumgedreht, bis du dir selbst nicht mehr sicher bist. Geh gut vorbereitet, aber nicht dogmatisch in solche Gespräche und bleib bei dir. Es geht hier nur um deine Gefühle, nicht darum, ob dein Gegenüber sich weigert, seine eigenen Probleme anzugehen. Vielleicht hilft dir eines noch: Wann immer ich mich in meinem bisherigen Leben einem anderen Menschen gegenüber mies verhalten habe, verständnislos oder illoyal war oder sogar gelogen habe, hatte ich zu 100 Prozent ein Problem mit mir selbst. Denk daran, wenn dein Gegenüber in die Abwehr geht. Und daran, dass sich nichts verändern kann, bevor man den Gegner nicht feste bei den Hörnern packt und ihm tief in die Augen blickt.

⚡ Power-up-Ritual

Selbstgespräche sind komisch und gesellschaftlich von fragwürdigem Leumund. Das weiß jeder, der schon mal in der U-Bahn oder beim Einkaufen gedankenlos vor sich hin gemurmelt hat. Schon ein einfaches »Komm her, du kleine Zitrone« wird argwöhnisch betrachtet und die Leute schauen einen an, als steckte man mitten in einer Psychose. Ich möchte dich dennoch zu ausgiebigen Selbstgesprächen ermutigen, und zwar nicht so, wie du es vielleicht eh schon tust (also nicht »Arrgh, schon wieder abgelaufener Joghurt« oder »Warum kaufe ich immer Bananen und esse sie dann nicht?«), sondern geplante Konversationen mit dir selbst. Die Welt ist voller Ungerechtigkeiten und darum ist es wichtig, dass du einen richtig guten Cheerleader an deiner Seite hast. Dich selbst! Sag dir, was du immer schon hören wolltest oder was dir heute besonders helfen würde. Sag dir, wie gut und liebevoll du bist, wie witzig und stark! Und wie begabt – und appetitlich!

Du hast nichts zu verlieren, wenn du richtig sauer wirst

Eigentlich sollte es selbstverständlich sein, seine Gefühle äußern zu können, ohne dafür bestraft zu werden. Da aber Kommunikation in unserer Gesellschaft eher auf einer geschäftsmäßigen Ebene trainiert wird, ist der private Sektor ein bisschen, sagen wir: ungedüngt. Inzwischen haben die meisten begriffen, dass es immer gut ist, Ich-Botschaften zu senden (also »Ich fühle mich nicht verstanden, wenn du einfach XY tust« anstelle von »Du blöder Arsch, nie darf ich mal aussuchen«), aber dem zugrunde liegt immer noch eine panische Angst, etwas zu sagen, das vielleicht etwas Wahres enttarnen könnte.

Die Paartherapeutin Esther Perel hat festgestellt, dass die wenigsten Streitigkeiten, die man als Mensch so austrägt, sich um das Thema drehen, über das man streitet oder wegen dem man einander grollt. Wenn man davon ausgeht, dass einem der andere sowieso übel will, wird dieser Gedanke alles färben, was der Streitpartner sagt – vollkommen unabhängig davon, was er in Worte fasst. Die drei großen, unterbewussten Themen jedes Konflikts sind fast immer diese:

1. Macht und Kontrolle
2. Vertrauen und Nähe
3. Respekt und Integrität

Sobald man dies verinnerlicht hat, kann man über den Lärm des Konflikts hinwegsehen und nach dem eigentlichen Thema suchen. Worüber streiten wir in diesem Moment eigentlich wirklich?

Sich diese Frage zu stellen macht sehr viele Bereiche des Lebens einfacher, weil man sich auf das Wesentliche konzentrieren kann. Mal abgesehen davon, dass es ruhiger im Kopf wird, erspart man sich damit auch eine Menge unnötiger Gedanken. Vielleicht erinnerst du dich noch an einige Konflikte aus deiner Vergangenheit, in denen du wegen einer Kleinigkeit einen Riesenkrach vom Zaun gebrochen hast. Worum ging es dir eigentlich? Und warum konntest du deine wahren Gefühle nicht zum Ausdruck bringen?

· ·

📣 **SAG'S DIR LAUT:** Ein Gespräch, in dem es darum geht, wie es DIR geht, sollte nicht in einem Streit enden. Denn über deine Gefühle kann man nicht streiten.

· ·

Ein Beispiel. Ich bin sehr eigen, was das Einräumen der Geschirrspülmaschine angeht. Das Besteck muss in der Spülschublade so angeordnet sein, dass man Gabeln, Messer und alles andere jeweils mit einem Griff ausräumen kann, sonst werde ich nervös. Mal davon abgesehen, dass es so wirklich schneller geht, wäre es natürlich keine Schwierigkeit, das Besteck zu verteilen, wenn es wild durcheinander läge. Der Zeitunterschied liegt bei geschätzten 40 Sekunden.

Eines Tages kam ich von der Arbeit nach Hause und war wahnsinnig genervt. Und zu allem Überfluss war nicht nur der Tag stressig gewesen, nein, das Besteck lag auch noch kreuz und quer im Schubfach der Maschine. Was mache ich also? Marschiere durch die Küche wie der Feldherr Napoleon und verursache einen Mordskrach darüber, dass »Immer muss ich« und »Nie machst du«, anstatt einfach zu sagen, dass ich einen blöden Tag hatte und für mich das zwanghaft ordentliche Besteckfach ein winziger Teil meiner täglichen Ruheoasen ist und ich gerade einfach Aufmerksamkeit brauche.

Im partnerschaftlichen Zusammenhang geht das natürlich auch ganz prima. Falls du *Die fabelhafte Welt der Amélie* gesehen hast, kennst du vielleicht die Szene, in der Nino verspätet zu einem Treffen kommt. Anstatt anzunehmen, dass ihm etwas dazwischen gekommen sein muss, was durchaus realistisch wäre in einer Zeit, in der es noch keine Handys gab, malt sie sich aus, dass er vermutlich entführt wurde, sein Gedächtnis verloren hat und inzwischen als Hirte einer Ziegenherde in Tadschikistan lebt, wo er tagtäglich inmitten seiner Ziegen sitzt und eine eigentümliche Kopfbedeckung trägt. Genauso verhält es sich mit Konflikten. Anstatt über die eigentlichen Themen zu streiten, reibt man sich an den Nebengeräuschen auf und kommt damit kein Stück weiter.

￼ *Date mit DIR: Du streitest gern,*
aber worüber eigentlich?

Nimm ein Blatt oder Heft zur Hand und schreib aus der Erinnerung Streitigkeiten auf, die aus dem Ruder gelaufen sind. Ich meine damit keine kleinen Kabbeleien zwischen Freunden darüber, ob Lady Gaga oder Madonna musikalisch bedeutender ist, sondern richtige Konflikte, in denen du vielleicht sogar Dinge gesagt hast, die du so nicht sagen wolltest. Mit wem du gestritten hast, ist erst mal egal. Wichtig ist, dass du dich an so viele Details wie möglich erinnerst.

Im ersten Schritt schreibst du auf, worum es in dem Streit offiziell ging. Also, ob jemand nicht zu einer Verabredung erschienen ist, gelogen hat, deine Arbeit kleingeredet hat und so weiter. Umgekehrt gilt es natürlich auch, also wenn du unzuverlässig warst etc. Was wäre der offizielle Filmtitel dieses Konflikts? »Stefan ist ein Versager« oder »Der Streit um die rote Hose« – was auch immer den Inhalt am besten beschreibt, notiere das. Schreib möglichst viele Punkte auf, die du und dein Gegenüber genannt haben (vermutlich wirst du irgendwann an einen Punkt kommen, der lautet »Und übrigens schmatzt du beim Kauen«, ein Klassiker der passiv-aggressiven Streitkultur).

Anschließend schreibst du auf, worum es in dem Streit *eigentlich* ging, was aber nicht ausgesprochen wurde. Ging es um Macht und Kontrolle? Um Vertrauen und Nähe? Um Respekt und Integrität? Was waren deine Ängste, die dich davon abgehalten haben, genau das auszusprechen? Und wie kannst du es beim nächsten Mal konstruktiver lösen?

⸙ Power-up-Ritual

Zugegeben, das hier ist ein bisschen knifflig. Ich kann diese Praktik bei mir zu Hause prima ausüben, weil meine Wohnung auf wundersame Weise perfekt schallisoliert ist. Da das in den meisten Wohnungen nicht so ist, kann ich dir raten, irgendwo ins Grüne zu fahren. Falls in deiner Nähe ein Hügel ist oder ein einsamer Wald – perfekt. Stell dich mit beiden Füßen fest auf den Boden, atme ein paar Mal tief ein und aus, schau dich vielleicht noch mal um. Denk an Worte, Gefühle oder Situationen, die dich belasten oder belastet haben. Und jetzt schreie, was das Zeug hält! Brülle, gackere, kreische, ganz egal. Hauptsache, alles kommt raus, was du loswerden willst. Dieses Gebrüll kommt dir vielleicht die ersten paar Mal albern vor, aber du wirst ziemlich schnell merken, dass es etwas sehr Ursprüngliches hat. So müssen sich Wikinger gefühlt haben, als sie auf Eroberungszug durch die Wälder gerannt sind. Power-up! Und zwar ganz kostenfrei und umweltschonend.

Du hast nichts zu verlieren, wenn du etwas Falsches sagst

Meine Kinder sind im Teenageralter und ich kann behaupten, dass ich ihnen rund um die Uhr peinlich bin. Besonders meine Angewohnheit, Menschen auf der Straße anzusprechen, finden sie wahnsinnig beschämend (»Boah, das ist sowas von cringe, Mama« höre ich ungefähr dreimal täglich. Cringe ist übrigens der Zustand, wenn man sich vor Scham windet, sagt man heute offenbar so), aber ich kann nicht anders. Vielleicht liegt es daran, dass ich früher nie etwas gesagt habe, eine Art Überkompensation also. Wenn mir jemand mit einem schönen Hut oder einem Hund entgegenkommt, dann kommentiere ich das mit einem Kompliment. In den Augen meiner Kinder sage ich also sehr viel Falsches und auch sonst bin ich häufig meinungsstärker, als die Höflichkeit gebietet. Inzwischen merke ich, wenn ich etwas Blödes sage und kann mich sofort korrigieren. Früher hätte ich mich nicht getraut, einzugestehen, dass ich falsch lag, sondern immer versucht, einen Weg zu finden, warum der andere im Unrecht war und gewiss nicht ich.

. . . .

📢 **SAG'S DIR LAUT:** Wenn man sich selbst nicht traut, versucht man unterbewusst, die Menschen um sich herum zu kontrollieren.

. . . .

Kontrollierendes Verhalten ist ein nützliches Tool, wenn man unsicher ist, weil es sehr viele verschiedene Gesichter hat. Menschen, die kontrollieren, verhindern, dass sie überraschend verletzt werden.

- ♣ Manche versuchen, die Sichtweise eines Menschen auf sich selbst zu kontrollieren, indem sie sich besonders gefällig zeigen und anderen jeden Wunsch von den Augen ablesen.
- ♣ Manche müssen sich permanent versichern, dass sie richtig liegen und helfen darum ständig andern, es »richtig« zu machen.
- ♣ Manche versuchen, Menschen von sich abhängig zu machen, indem sie sie durch erniedrigende Kommentare kleinhalten und so am Wegfliegen hindern.
- ♣ Manche entwickeln eine Obsession für einen anderen Menschen und interpretieren in jede Regung eine weltverändernde Bedeutsamkeit.

Der Haken an kontrollierendem Verhalten ist der, dass man zwar möglicherweise nicht verletzt wird, gleichzeitig aber echte Connection und tiefe Intimität absolut unmöglich macht. Menschen mit dieser Problemstellung, ziemlich viele also, haben häufig besonders große Schwierigkeiten, für ihre echten Gefühle und Gedanken die richtigen Worte zu finden. Also verstummen sie lieber, aus reiner Angst, etwas Falsches zu sagen und damit enttarnt zu werden.

Ein Beispielerlebnis für diese Angst, das mir heute noch nachhängt, hat nichts mit meinem Privatleben zu tun oder mit Menschen, die ich persönlich kannte. Vor Jahren, als ich Anfang 20 war, habe ich einmal eine Frau auf der anderen Straßenseite beobachtet, die ihr kleines Kind schlug. Ich war völlig überfordert mit der Situation, weil ich, ja, Angst hatte. Aber nicht davor, dass die Frau ihre Aggression dann gegen mich richten könnte (sie war kleiner als ich), sondern vor Sorge, was *die anderen* denken würden, wenn ich hinginge und sie stellen würde.

Statt also über die Straße zu gehen und die Frau daran zu hindern, ihr Kind zu schlagen, stand ich da wie eine blöde Kuh und glotzte über die Straße. Mein Glück war, dass eine andere Frau hinüber- und dazwischen ging und auch sonst einen Mordsrabatz veranstaltete, sodass ich von der moralischen Pflicht, einem kleinen Kind zu helfen, entbunden war. Trotzdem schäme ich mich dafür bis heute. Mein Nichteingreifen, meine Feigheit, hätte möglicherweise schreckliche Folgen für das Kind gehabt, wäre nicht eine andere Frau eingesprungen.

Noch schwieriger war es für mich im persönlichen Bereich. Wenn jemand auch nur scherzhaft sagte, dass ich dumm sei, hässlich oder ahnungslos, verstummte ich vor Schreck. Auch im Job war das ein Problem. Einmal war ich als junge Redakteurin oben im Axel-Springer-Club eingeladen und stand neben ausschließlich männlichen Fußballreportern, die überlegten, bei welchem Verein der ehemalige englische Nationaltorwart Peter Shilton zum Zeitpunkt der WM 1990 gespielt hatte. Ich war ein riesiger Fan der englischen Mannschaft (und halte das Spiel zwischen Deutschland und England 1990 immer noch für eines der herrlichsten überhaupt), darum kannte ich die Antwort natürlich. »Derby County«, sagte ich und lächelte, stolz etwas zu wissen, was die Herren nicht wussten. Alle vier blickten mich so irritiert an, als hätte ich gerade irgendein beliebiges Wort wie »Grünkohl« oder so eingeworfen – und rätselten einfach weiter. Ich nannte den Verein noch zwei Mal mit dem gleichen Ergebnis, bevor ich mich verzog und danach fühlte ich mich den ganzen Abend schäbig. Nicht, weil mein prachtvolles Wissen derart ignoriert wurde, sondern weil ich a) in den Augen männlicher Kollegen offenbar sowieso keine Ahnung hatte und schlimmer noch b) nicht in der Lage war, meiner Enttäuschung darüber Ausdruck zu verleihen.

Und das ist das Problem, wenn man nicht gelernt hat, für sich einzustehen. Jedes Mal, wenn wir uns übergehen, berichtigen oder kleinmachen lassen und uns nicht dagegen wehren, begehen wir Raubbau an unserem eigenen Selbstwertgefühl. Es ging mir damals im Club nicht darum, besserwisserisch zu sein. Sondern darum, in einem Umfeld, das mir wichtig war, ernst genommen und gehört zu werden.

Nehmen wir an, du hättest dir längst vorgenommen, nichts mehr in die Becher von Menschen zu schütten, die nichts in deinen geben, du hättest also zumindest theoretisch den Versuch unternommen, Energiesaugern aus dem Weg zu gehen. Dann bleibt immer noch die Praxis. Es wird immer wieder Menschen in deinem Leben geben, die nicht können oder nicht wollen. Und das ist okay so. Darum geht es nämlich nicht. Es geht, wie gesagt, nur darum, es für dich alleine zu tun.

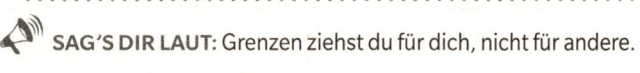

SAG'S DIR LAUT: Grenzen ziehst du für dich, nicht für andere.

Ein ziemlich gutes Beispiel sind Eltern. Denk an etwas, das dich wirklich stresst. Keine Ahnung, ob es Kommentare zu deiner Figur, deinem Paarungszustand oder deiner Existenz an sich sind, vielleicht gibt es etwas, das dich so richtig pikt und das du eigentlich schon längst richtigstellen wolltest, wären es nicht, nun ja, deine Eltern. Warum hast du bisher nichts gesagt? Vermutlich liegt das an einem dieser Gründe:

- ♣ Ich will keinen Streit.
- ♣ Es bringt sowieso nichts.
- ♣ Sie verstehen mich eh nicht.
- ♣ Es wird sich nie etwas ändern.
- ♣ Sie meinen es ja nicht böse.

Das sind die Top-5-Gründe von fast allen Menschen, die aus der Angst heraus etwas Falsches zu sagen, versuchen eine Konfrontation über längst fällige Themen zu vermeiden. Und jeder davon ist absolut nachvollziehbar. Gerade bei Eltern, die noch auf völlig andere Werte gepolt sind, ist die Chance, dass sie kein Stück von ihren Überzeugungen abrücken, groß. Man darf nicht vergessen, dass wir die allererste Generation sind, die Themen wie Selbstfürsorge, Selbstwert oder Mental Health überhaupt anspricht. Alles, was neu ist, macht wahnsinnige Angst. Für unsere Großeltern war es nicht einmal möglich, über die Schuldgefühle durch den Zweiten Weltkrieg zu sprechen, und schon kommen wir und wollen über unser Wohlbefinden reden! Kein Wunder, dass das für viele eine Überforderung ist.

Der Unwillen mancher, und es ist egal, ob das im privaten Umfeld ist oder bei der Arbeit, darf dich aber nicht davon abhalten, es dennoch zu tun.

Schon möglich, dass die Leute dich für etwas kompliziert oder nervig halten, aber das ist nur ein Zeichen dafür, dass du anfängst, deine eigenen Grenzen kennenzulernen und zu wahren. Wenn zum Beispiel jemand beim Essen zu dir sagt: »Nimm nicht so viel, sonst wirst du dick«, dann kannst du entweder schweigen (nicht gut) oder schnippisch werden, indem du fragst, wo denn das Tageslimit für diese Speise liegt (mittel). Oder du wirst klar, indem du sinngemäß erwiderst: »Ich habe mich auf dieses Essen gefreut und ich finde schade, dass du es mir madig machst. Ich bin erwachsen und durchaus in der Lage, auf meine Gesundheit zu achten.« Und zack, hast du eine Grenze gezogen, bist für dich eingestanden und die nervöse Aufregung, die du vielleicht fühlst, wird bald einem Gefühl des erwachsenen Stolzes weichen.

Lass uns noch ein paar Situationen üben.

Du kommst zu einem Date. Ihr habt euch in einem Park verabredet, nachdem ihr wirklich nett geschrieben und sogar ein paar Mal telefoniert habt. Eure Interessen sind fast gleich, obwohl du natürlich weißt, dass es tausend Leute gibt, die gerne Filme sehen und die die Farbe Grün mögen, aber immerhin arbeitet ihr auch noch in einer ähnlichen Branche.

Während du auf die Bank zugehst, merkst du schon, wie er anfängt zu zappeln und das eben noch erwartungsfrohe Lächeln aus seinem Gesicht verschwindet. Er mustert dich von oben bis unten, schüttelt den Kopf und steht auf. Als du endlich bei ihm ankommst, hast du einen Kloß im Hals von dem miesen Gefühl des Bewertetwerdens und weißt schon, dass es nichts wird. »Hey«, sagt er und gibt dir einen Fistbump. »Sorry, aber auf den Bildern sahst du viel weniger kurzbeinig (blond/dick/dünn/brüstig/rosa/was weiß ich) aus, du bist echt überhaupt nicht mein Typ.« Sicher ist, dass du dich absolut beschissen fühlst, wenn jemand, der möglicherweise dein zukünftiger Ex-Mann hätte werden können, so etwas über dich sagt. Möglicherweise möchtest du einfach nur verschwinden, am liebsten im Boden und flüsterst so etwas wie »Okay«, bevor du gehst. Das wäre nicht so gut für dich. Vielleicht bist du auch wütend, und zwar zu Recht, und sagst: »Mit so einem oberflächlichen Arsch will ich eh nichts zu tun haben!« Das wäre schon besser, aber ungefähr fünf Minuten später würden dir tausend Sachen einfallen, die du stattdessen hättest sagen können – einfach, weil du keine Grenze gezogen hast. Um ganz bei dir zu bleiben und das Bollwerk zu verteidigen, welches nämlich dein absolutes Minimum-Niveau an guter Behandlung ist, könntest du eher etwas wie das hier sagen: »Dass du das gesagt hast, verletzt mich wirklich sehr. Ich bin aber ein Mensch, der sehr viel lacht, weil ich mich gerne mit Menschen umgebe, denen das Leben Freude bereitet. Es tut mir so leid für dich, dass das bei dir nicht so ist und ich wünsche dir für die

Zukunft alles Gute.« Wenn man es schreibt, klingt es immer ein bisschen geschwollen, aber ich denke, du weißt, was ich meine. Indem du eine Kante zeigst, wirst du dir selbst gerecht (»Ich umgebe mich mit Freundlichkeit und nicht mit Garstigkeit«), sagst ihm, dass das nicht dein Niveau ist (»denen das Leben Freude bereitet«) und dringst gleichzeitig ein bisschen in seine Grenzen ein (»Es tut mir leid, dass das bei dir nicht so ist«), denn ich finde nicht, dass man einfach die zweite Wange hinhalten muss. So behältst du jedenfalls deinen Kopf oben und gibst vor allem dir selbst zu verstehen, dass diese Art einfach nicht dein Niveau ist.

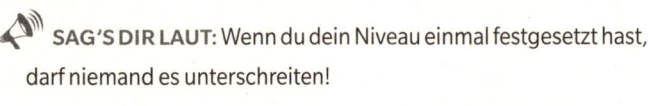

SAG'S DIR LAUT: Wenn du dein Niveau einmal festgesetzt hast, darf niemand es unterschreiten!

Stell dir vor, du arbeitest an einem Projekt mit einer Kollegin (oder einem Kollegen). Du machst eine Menge dafür, recherchierst außerhalb deiner Dienstzeit und erstellst die wichtige Powerpoint-Präsentation quasi im Alleingang. Deine Kollegin macht das Mindeste, aber nichts darüber hinaus. Als ihr das Ganze dem Kunden präsentieren sollt, nimmt sie das Ruder in die Hand, verkauft die Sache als ihre und sagt, sobald sie etwas nicht weiß, weil du ja die meiste Arbeit gemacht hast: »Ich hatte dich ja gebeten, die Zahlen zusammenzutragen, aber jetzt sehe ich sie hier gar nicht« und Ähnliches, was dich und deine Kompetenz untergräbt. Da du ein höflicher Mensch bist, flippst du nicht aus, sondern versuchst, an das große Ganze zu denken, nämlich den Verkauf an den Kunden. Aber innerlich brodelt es. Du stellst dir vor, wie du ihr ihren blöden Bleistift aus der Hand nimmst und sie an den Ohrläppchen aus dem Raum schleppst (und ehrlich, ich könnte es dir nicht verdenken), aber stattdessen lächelst du und hilfst dem Kunden dabei, die Entscheidung für euch zu treffen. Nach der Präsentation bist du fuchsteufelswild oder vielleicht auch einfach nur erschöpft. Was kannst du tun, um hier eine Grenze zu ziehen? Ihr zu sagen, dass du das ziemlich unfair fandst, wird wahrscheinlich nicht viel helfen. Zu verkünden, dass du dich beim Chef beschweren wirst, belastet das Arbeitsverhältnis unnötig, denn wer weiß, wie lange es noch andauern wird. Solche Situationen sind extrem heikel und darum fährst du meiner Meinung nach am besten, indem du ruhig und absolut bei dir bleibst. Du könntest etwas in dieser Richtung sagen: »Wie du weißt, habe ich einen Großteil der Arbeit gemacht und meinem Empfinden nach hast du mich ausgeschlossen. Ich fühle mich wirklich nicht gut damit, das ist nicht die Kollegialität, die ich mir wünsche, denn für mich ist Teamwork eine wirklich wichtige Sache.«

Wenn man Grenzen zieht, geht es vor allem darum, seine persönliche Wahrheit in den Vordergrund zu stellen. Damit meine ich keine Verschwörungstheorien, sondern alles, was dich in deinem persönlichen Empfinden positiv oder negativ beeinflusst. Nachdem ich anfangs jedes Mal aufgeregt war, wenn ich meine Wahrheit ausgesprochen habe, gelingt mir das inzwischen ganz natürlich und ich muss sagen, dass ich mich seitdem viel wohler fühle.

Während man wächst, geht man in winzigen Schritten voran. Du kannst dir das so vorstellen, als würdest du einer Wiese beim Wachsen zusehen. Wenn du alle paar Stunden nachsiehst, wirst du vielleicht denken, dass sich das Gras kaum verändert hat. Wenn du aber eine Aufnahme im Zeitraffer von dieser Wiese machst, dann siehst du nicht nur, dass die Grashalme unglaublich gewachsen sind, sondern sich auch im Wind bewegt und sich der Sonne entgegengestreckt haben. Weil dieser Prozess so langsam ist, hat man manchmal das Gefühl, dass gar nichts passiert und man kein Stückchen vorankommt.

Ich kann dir ein Beispiel aus meiner jüngsten Vergangenheit nennen:

Neulich hatte ich an einem Dienstag einen Termin bei einer Notarin. Ich war an dem Morgen ganz früh aus Köln zurückgekommen und wollte schnell meinen Computer, auf dem unter anderem das Manuskript für dieses Buch war, nach Hause bringen und nicht mit mir herumschleppen. Ich muss dazu sagen, dass ich am Freitag einen Job für Montag bekommen und der Notarin eine Mail geschrieben hatte, um den Termin auf Dienstag zu verlegen. Eine Minute später fiel mir mein Irrtum auf und ich schrieb eine Mail hinterher, dass ich mich geirrt hätte, unser Termin sei ja sowieso am Dienstag, also alles bliebe beim Alten. Kurzum, ein bisschen Hickhack ohne jede Konsequenz.

Als ich dann aber in der Kanzlei ankam, schaute sie mich nicht einmal an und begrüßte mich auch nicht. Also sagte ich etwas lauter »Guten Morgen« und als dann wieder nichts kam, fragte ich, ob alles in Ordnung sei. Daraufhin war sie extrem pampig, murmelte etwas von »lächerlichen E-Mails« und »achtlos mit meiner Zeit umgehen« und war ganz allgemein wahnsinnig ekelhaft. Früher hätte ich meine Klappe gehalten und peinlich berührt auf meine Hände gestarrt. Stattdessen sagte ich ihr ohne nachzudenken, dass ich sie nicht sehr freundlich finde und sie eine Dienstleisterin ist und ich ihre Kundin. Ab diesem Zeitpunkt war sie überschwänglich freundlich – was irgendwie albern war.

Was ich damit sagen will: Um Grenzen ziehen zu können, muss man das Gefühl haben, überhaupt ein Recht auf Grenzen zu haben. Und dieses Gefühl erreicht man nur, wenn man wieder und wieder trainiert für sich selber einzustehen.

Hast du schon mal aktiv darauf geachtet, *wie* du Dinge ausdrückst, die dir wichtig sind? Falls nicht, ist das kein Problem. Die wenigsten Leute achten darauf, sondern sagen einfach genau das, was ihnen aus dem Mund fällt. Aus eigener Erfahrung weiß ich, dass das nicht der beste Kommunikationsweg ist, aber man kann schließlich nicht auf alles achten. »Tut mir leid, *so* habe ich es nun auch nicht gemeint« sollte allerdings kein zweiter Vorname werden.

Die Verhaltensforscherin Lera Boroditsky hat untersucht, ob die Art, wie wir etwas sagen tatsächlich unser Denken beeinflusst. Als Beispiel zieht sie das Volk der Kuuk Thaayorre heran, ein Stamm der Aborigines aus dem australischen Queensland. Die Kuuk Thaayorre benutzen zur räumlichen Beschreibung keine Worte wie links oder rechts, sondern ausschließlich die Himmelsrichtungen. Wenn also jemand einen Thaayorre fragt, ob er dieses Kettchen immer schon am Bein hatte, wird er sagen: »Welches Kettchen meinst du, das an meinem nord-nord-östlichen Bein oder das an meinem nord-nord-westlichen Bein?« Dieser Umstand sorgt dafür, dass Mitglieder dieses Volksstammes zu allen Zeiten außerordentlich gut orientiert sind. Boroditsky sagt, dass die Orientierungsgabe der Kuuk Thaayorre weit über das hinausgeht, was man überhaupt für menschenmöglich gehalten hat. Ein anderes Beispiel bezieht sich auf die Verwendung von Artikeln. Im Spanischen ist die Brücke mit einem männlichen Artikel versehen, el puente. Im Deutschen hingegen mit einem weiblichen. Das führt dazu, dass die Spanier ihre Brücken mit eher maskulinen Worten umschreiben, also stark, stählern, robust, während die Deutschen für ihre Brücken viel leichter Attribute finden, die eher feminin sind, also elegant, geschwungen, schön. Eine andere Untersuchung hat herausgefunden, dass Mädchen, denen eher maskulin besetzte Berufe wie etwa der Schornsteinfeger vorgestellt wurden, sich in der Regel nicht dafür interessierten. Erweiterte man das gleiche Berufsfeld aber um die weibliche Form, nämlich der Schornsteinfeger und die Schornsteinfegerin, begeisterten sie sich viel eher dafür.

Falls du also immer noch denkst, dass es egal ist, wie jemand mit dir spricht oder welche Worte du benutzt – ist es nicht. Die Worte, die Sprache, die uns gegenüber benutzt werden, schaffen den Menschen, der wir später sind. Kurz: Wenn ich noch einmal höre, wie du zu dir selbst »Ich bin einfach unfähig« oder »Ich kann das sowieso nicht« sagst, komme ich und ziehe dir die Ohren lang.

☼ Power-up-Ritual

Okay, das hier ist einfach. Schreib dir jeden Abend auf, was du an diesem Tag für hässliche Dinge zu dir selbst gesagt hast. Dazu gehört auch scheinbar Beiläufiges wie »Ich bin so dämlich«, »Wie beknackt ich wieder aussehe« oder »Kein Wunder, dass ich keinen kennenlerne mit diesen fransigen Haaren«. Das sind Sätze, die scheinbar harmlos in das tägliche Leben eingeflochten werden. Ab heute hörst du damit auf, so gut es geht. Du kannst es dir auch zwischendrin aufschreiben, wenn dir etwas auffällt. Wenn du ganz fleißig bist, kannst du zudem notieren, was andere zu dir sagen durften, ohne dass du dich gewehrt hast. Wie kannst du es besser machen? Statt »Ich bin so dämlich« zu sagen, könntest du feststellen, dass jeder mal Fehler macht. Und statt »Kein Wunder, dass ich keinen kennenlerne mit diesen fransigen Haaren« kannst du beim nächsten Mal sagen: »Ich werde jemanden kennenlernen, der mich genauso mag, wie ich bin.« Das klingt auch viel schöner!

Du hast nichts zu verlieren, wenn du dich weigerst, alleine zu reisen

Menschen wachsen in den unterschiedlichsten Konstellationen auf. Manche sind alleine und wünschen sich, nicht so alleine zu sein. Andere sind eines von fünf Kindern und würden gerne einfach nur mal warm duschen oder ganz in Ruhe aufs Klo gehen. Wenn du zu denen gehörst, die Geschwister haben, dann weißt du, dass

- ✿ es immer eine schlechte Idee ist, wenn das Bad den Lichtschalter außen hat.
- ✿ Geschwister ein völlig neues Level WUT in dir freischalten können.
- ✿ wenn Brüder oder Schwestern rufen »Komm mal her«, du fragst »Warum?« und sie sagen »Nur so« es fast immer Dresche gibt.
- ✿ einer den Kuchen zerteilt und der andere aussuchen darf, welches Stück er nimmt.
- ✿ du von deinem Geschwister mindestens einmal im Leben während eines Streits den Satz »Du bist sowieso nur adoptiert« hörst – nicht, dass das schlimm wäre.
- ✿ du mit einem Geschwister immer jemanden zum Piesacken hast, wenn dir einfach so danach ist.

* du sogar, wenn du alleine bist, manchmal schneller isst als du solltest, weil du immer noch Angst hast, dein Geschwister könnte es dir wegessen.
* du, wenn du die Zweitgeborene bist, frühestens in drei Tagen wiederauftauchen musst, dein erstgeborenes Geschwister aber immer um zehn Uhr abends des gleichen Tages.
* du für den Rest deines Lebens immer jemanden haben wirst, dem du das Bild eines Nacktmulls mit den Worten »Bei der Geburt getrennt« schicken kannst.

Profis wissen natürlich auch, dass Streitereien unter Geschwistern immer gleich enden, aber nie mit einer Entschuldigung. Erst schreien sich alle an, dann wird stundenlang nicht miteinander gesprochen und irgendwann klopft einer an die Tür des anderen und fragt: »Willst du was essen?«

Mit Geschwistern groß werden ist insofern auch merkwürdig, weil du die ersten 16, 17 Jahre damit beschäftigt bist, dich zu zanken. Und dann wachst du eines Tages auf und denkst: »Diese kleine Dumpfstulle ist echt in Ordnung.« Geschwister sind Verbündete, die dir das Leben einfach so schenkt und wenn es einigermaßen gut in der Kindheit gelaufen ist, könnt ihr eine Menge voneinander lernen.

Bei den meisten Frauen, die zu mir in den Podcast kommen, ist das nicht der Fall, was logisch ist, sonst würden sie nicht in den Podcast kommen. Manchmal sind die Geschwisterbeziehungen so angespannt, dass ein Miteinander kaum möglich ist. Oft haben die Eltern oder ein Elternteil die Kinder miteinander verglichen oder eine Konkurrenzsituation geschaffen (egal, ob bewusst oder unbewusst). Ein anderes Mal haben die Eltern »Das doppelte Lottchen« nachgespielt und die Kinder einfach auseinandergerissen. Ich weiß nicht, ob du *Das doppelte Lottchen* von Erich Kästner gelesen hast, denn heute ist es nicht mehr so populär wie damals, als ich klein war. In dem Buch treffen sich zwei charakterlich sehr unterschiedliche kleine Mädchen durch Zufall in einem Feriencamp und stellen fest, dass sie genau gleich aussehen. Nach einer Weile finden sie heraus, dass sie die gleichen Eltern teilen, nur dass die eine nach der Scheidung zum Vater gezogen ist und die andere bei der Mutter blieb. Sie entscheiden sich, in die Rolle der jeweils anderen zu schlüpfen, was für eine Menge Unruhe sorgt, aber schlussendlich dann zum Glück zu einem Happy End führt.

Erich Kästner war für seine Zeit ein sehr moderner Mann. Eine alleinerziehende, berufstätige Mutter zum Beispiel war zuvor noch gar nicht in Romanen aufgetaucht, aber als Kind einer alleinerziehenden, berufstätigen Mutter war mir das natürlich nicht bewusst. Viel mehr war ich über die willkürliche Brutalität der Erwachsenen erschrocken: Zwillinge auseinanderzureißen erschien mir unglaublich bestialisch und böse.

Und ehrlich gesagt ist das bis heute so geblieben. Wann immer ich höre, dass Kinder den Preis für mangelnde Souveränität ihrer Eltern bezahlen müssen, kriege ich den gleichen

Kloß im Hals wie damals, als ich lesen musste, dass die kleine Lotte vor lauter Stress ein lebensgefährliches Fieber bekam.

Vor Kurzem war eine junge Frau bei mir im Podcast, deren Lebensgeschichte eine Aneinanderreihung von Schicksalsschlägen war, die sie so reflektiert und doch irgendwie fluffig heruntererzählte, dass ich tief angefasst war und die meiste Zeit weinen musste. Ein schwerer Unfall, der Krebstod eines geliebten Menschen, es war eine dieser Geschichten, bei denen man sehnsüchtig auf etwas Sonnenschein hofft. Schließlich erwähnte sie fast beiläufig, dass ihr Bruder mit 12 Jahren im Streit mit der Mutter und deren neuem Lebensgefährten zu dem emotional sehr unterkühlten Vater gezogen war. Als er am nächsten Tag doch lieber wieder zurückwollte, sagte der Vater: »Wenn du jetzt gehst, wirst du mich nie wiedersehen.«

Ich kann nur erahnen, was in einem Menschen kaputt sein muss, um ein Kind derart emotional zu erpressen, aber die Worte taten ihre Wirkung. Der Junge blieb aus Angst beim Vater und das Verhältnis zu seiner Schwester, die nur 11 Monate jünger und ihm wie ein Zwilling war, war zerstört. Ich erzähle das so ausführlich, weil ich in diesem Fall (wie in vielen anderen Fällen) absolut überzeugt bin, dass beide Geschwister den Samen zur Heilung in sich tragen. Während der Bruder sich völlig in sich zurückgezogen hat (was er musste, sonst wäre er verrückt geworden vor Schmerz), hat die Schwester eine Leidenschaft dafür entwickelt, anderen bis zur Selbstverleugnung helfend zur Seite zu springen. Geschwister sind in Sachen Trauma-Lösung meiner Meinung nach wichtige Zeitzeugen. Weil sie die gleiche Geschichte aus zwei Perspektiven erlebt haben, sind sie wie die beiden Seiten einer Münze. Jede für sich unterschiedlich, aber gemeinsam können sie die richtigen Deals tätigen. Das heißt nicht, dass man mit seinen Geschwistern für immer auf einer Ebene sein muss. Aber wenn es ums Aufräumen geht, finde ich gut auch in diese Richtung zu blicken.

· ·

🔊 **SAG'S DIR LAUT:** Heile dein Kindheitstrauma, damit deine Kinder nicht ihres heilen müssen.

· ·

Wer mich näher kennenlernt, der weiß, dass ich wahnsinnig nervig bin, weil ich viel zu oft erwarte, dass die Menschen in ihren Lebensgeschichten aufräumen. Das liegt daran, dass ich Leute, die sich lieber nicht zu viel mit sich selbst beschäftigen wollen, aufgrund meiner Kindheitsgeschichte nicht aushalten kann. Ich wünschte manchmal, es wäre anders, aber es ist wohl so wie mit dem Konditor und den Torten: Wenn man von etwas zu viel hatte, möchte man privat nichts mehr damit zu tun haben.

Der englische Schriftsteller G.K. Chesterton hat einmal geschrieben: »Kein Wort der Welt kann die Kluft beschreiben, die zwischen der Isolation liegt und der Freude, einen Verbündeten zu haben.« Es möge Mathematikern gültig erscheinen, dass vier zweimal zwei entspräche, schreibt Chesterton. »Aber zwei ist nicht zweimal eins; zwei ist zweitausend mal eins.« Einen Menschen an der Seite zu wissen, der einem immer den Rücken freihält, ist ein fantastisches Gefühl. Ich habe dir vorhin schon geschrieben, wie wichtig es ist, die richtigen Freunde um sich zu scharen. Du erkennst sie daran, dass sie

* zu dir halten, wenn du Krisen hast und durch schwere Phasen gehst.
* nicht von dir erwarten, jemand anderes zu sein. (»Dein Party-Ich ist mir lieber« etc.)
* sich für jeden deiner Erfolge ohne Neid und Missgunst freuen.

Echte Freunde erwarten nicht, dass der leichte Teil von dir für ihr persönliches Wohlgefühl zuständig ist, während sie mit einem anderen, schwereren Teil nichts zu tun haben wollen. Man kann meiner Meinung nach auch in Freundschaften nur ganz oder gar nicht lieben und wenn du liebst, dann gehören eben auch Tränen dazu und hier und da ein bisschen Kacke. Das Menschsein ist nicht nur appetitlich. Freunde wissen das und haben keine Angst davor, dich auf deinem Weg zu begleiten.

⚡ Power-up-Ritual

Weißt du, was du ab heute häufiger machst? Du schreibst den dir liebsten Menschen in deinem Leben Briefe. Keine Whatsapp, keine E-Mails, sondern richtige Briefe. In diesen schreibst du auf, an welche Situationen du dich besonders gern erinnerst, in welchen Momenten du dich besonders gesehen und unterstützt gefühlt hast und wofür du ihnen besonders dankbar bist. Wenn du etwas mit der Hand schreibst, kann dein Gehirn viel besser reflektieren, du erinnerst dich besser und deine Freunde haben etwas, das sie in ihr Schatzkästchen legen können. Als kleinen Zusatznutzen wirst du merken, dass es dich sehr glücklich machen wird!

Dein Rucksack

Du bist mit deinen Wanderschuhen jetzt schon mal ordentlich ausgestattet. Was natürlich noch fehlt, ist ein guter Rucksack, in den du alles packen kannst, was du für die Reise brauchst. Ein Rucksack ist wichtig, weil du ohne ihn nicht einmal Tagesausflüge machen kannst. Und darum geht es im folgenden Abschnitt: Um all das, was du als Grundausstattung mitnehmen solltest. Übrigens: In diesem Fall wird der Rucksack ab und zu ein bisschen zwicken und zwacken. Und das ist auch gut so!

Du hast nichts zu verlieren, wenn du noch mal von vorne anfängst

Wenn du mit einem Bein in der Vergangenheit stehst und mit dem anderen in der Zukunft, dann rutscht die Gegenwart leider in den Schlitz. Es geht ja gar nicht anders. Darum ist es extrem wichtig, sich auf das Hier und Jetzt zu konzentrieren, und zwar nicht, weil das gerade »in« ist. Sondern weil deine Seele sonst gar nicht heilen kann. Es bringt zum

Beispiel nicht viel, Tag und Nacht Yoga zu machen und sich die Wohnung mit Sinnsprüchen vollzupflastern, wenn du nicht genau hinsiehst und zu verstehen versuchst, wie du überhaupt an diesen Punkt in deinem Leben gekommen bist.

Eine übliche Abwehrhaltung, also quasi das Im-Spagat-über-der-Gegenwart-Stehen, ist es, zu sagen: »Ich bin jetzt schon so weit gekommen, das Fass will ich nicht aufmachen« oder, fast schon ein Klassiker: »Ich war ja schon mal bei der Therapie und habe keine Lust, noch mal alles von vorne zu erzählen«. Das kann man zwar so machen. Man sollte sich aber immer im Klaren darüber sein, dass das Leben seinen Hammer im Kreis schwingt und dieser Hammer selbstständig wiederkommt, um einem eins überzuziehen, wenn man es nicht schafft, die Umlaufbahn zu verlassen.

Ich rate wirklich jedem dazu, sich einmal im Leben auf links zu krempeln, ganz einfach, weil man sich dann erst wirklich kennenlernt. Gefühle sind ja komplex. Was du Trauer nennst, kann auch Schuldgefühl, Wut oder Scham sein. Was du Liebe nennst, kann ebenso Angst sein oder Schmerz.

. . . .

🔊 **SAG'S DIR LAUT:** Frische Anfänge tarnen sich häufig als schmerzhafte Abschiede.

. . . .

In einem gut geschmierten Familiensystem hat jedes Mitglied seine Rolle, die dafür sorgt, dass das System genauso weiter Bestand hat. Und in fast jedem Familiensystem gibt es ein Mitglied, das ausschert und die Dinge so macht, dass es für die anderen unangenehm ist. Dieser Mensch wird das schwarze Schaf genannt. Schwarze Schafe haben einen schlechten Leumund, aber ich hege große Leidenschaft für Menschen, die auf ihre Weise zeigen, dass das System, in dem sie aufgewachsen sind, in Wirklichkeit nicht so sauber läuft, wie es nach außen hin aussieht. Leider haben schwarze Schafe häufig ein schweres Schicksal, in dem sie anfällig werden für Süchte, Aggression oder Geisteskrankheiten. Manche schaffen es auch, sich so abzugrenzen, dass sie mit der Ursprungsfamilie nur noch höflich verkehren oder weit wegziehen. Ich finde, wenn man so einen Menschen (oder mehrere) in seiner Familie hat, lohnt es sich unbedingt, genauer hinzusehen, weil einem selbst manchmal objektiv alles so gut und richtig vorkommt, dass man sich das Rumoren in der eigenen Brust gar nicht erklären kann.

Ich kenne einen Mann, dessen allergrößte Angst es ist, entdeckt zu werden. Er hat panische Angst, dass jemand hinter seine Fassade blickt und den Schmerz erkennt, der dahinter steckt. Also pumpt er sich auf jede erdenkliche Weise seelisch und körperlich auf, ist laut und lustig und so aktiv, dass er im Grunde keine Zeit hat, in dieses Gefühl hineinzulauschen, das ihn so plagt.

Wenn man seine Geschichte von außen betrachtet, ist es klar, woher seine Angst rührt. Er lebt in einem Familiensystem, das von einem großen Geheimnis geprägt wird. Wobei es kein Geheimnis ist, sondern eher etwas, über das man nicht spricht: Die Ehe der Eltern ist wahnsinnig unglücklich. Seit vielen Jahren hat die Mutter einen besten Freund und wenn der kommt, geht der Vater hinunter in seinen Hobbykeller. Er ist so nicht nur von den körperlichen Vergnügungen ausgeschlossen, sondern auch von den gesellschaftlichen und verkümmert bei lebendigem Leibe. Während die Mutter sich mit jeder Faser dem Scheinerhalt eines perfekten Zuhauses widmet, leiden sämtliche Familienmitglieder unter dem, was nicht gesagt wird. Alle Beteiligten, inklusive dem inzwischen spielsüchtigen Bruder, tragen durch das Nichtansprechen dazu bei, dass das System problemlos weiterläuft – was wiederum dazu führt, dass kein einziger der Beteiligten ein erfülltes Leben führt.

Ich komme ebenfalls aus einem Familiensystem, in dem lieber nicht hingesehen wird. Anstatt die Geschichte vernünftig aufzuarbeiten, werden Gefühle mit inhaltsleeren Sätzen abgetan, denen niemals eine Handlung folgt. Das System ist so kaputt, dass kein Mädchen meiner Familie mütterlicherseits noch Kontakt zu ihrer Mutter hat.

Die Frage, ob und unter welchen Umständen man sich von seiner Ursprungsfamilie lösen darf, wird sehr kontrovers diskutiert. Die Gefahr liegt darin, dass man sich als betroffener

Mensch dann von den Teilen in sich abspaltet, die erkennbar mit der Ursprungsfamilie zu tun haben, was zwangsläufig dazu führt, dass man sich selber ablehnen muss. Ich habe zum Beispiel zunächst eine übertriebene Ablehnung gegen meine Unterarme entwickelt, die sich dann auf Teile meines Gesichtes ausgeweitet hat. Schließlich griff das Ganze auf Verhaltensweisen über, die ich an mir wiedererkannte und so ekelhaft fand, dass ich praktisch rund um die Uhr gestresst war. Es war nicht so schlimm, dass ich eine wirkliche Dysmorphophobie, also eine Körperwahrnehmungsstörung, entwickelt hätte. Eher war es ein kleines Sticheln, das sich durch meinen Alltag zog und das hin und wieder in einem »Ich wünschte, ich …« endete.

Es gibt eine Erkenntnis, die mir sehr geholfen hat, einen Weg aus der Selbstablehnung zu finden. Du kennst vielleicht dieses Kippbild von Ente und Hase. Das ist ein Bild, auf dem du zweierlei sehen kannst, je nachdem, wie herum du es betrachtest oder welches Tier du eben zuallererst erkennst. Dieses Kippbild ist für mich eine Analogie für den Prozess der Selbsterkennung. Denn dadurch, dass ich die in sich ja gleiche Kontur anders gewichtet betrachte, bekommt sie eine ganz andere Bedeutung.

Sagen wir, du entdeckst an dir eine Verhaltensweise, die du wirklich blöd findest, weil sie dich an eine Person aus deiner Familie erinnert, die du in Teilen oder ganz ablehnst. Diese Person hat sich genauso benommen, wie du es tust, und du findest es absolut entsetzlich. Diese Person ist schlecht, ich kann nicht so sein! Denn wenn ich so bin, dann heißt das, dass ich auch schlecht bin!

Wenn du ungefähr so wie ich veranlagt bist, dann hast du dieses Gefühl vermutlich jahrelang mehr oder minder erfolgreich verdrängt oder wegkompensiert, weil es lieber nicht da sein sollte. Und hier kommen Hase und Ente ins Spiel.

Stell dir vor, dein Gefühl ist die Ente. Mit Gefühl – es können auch mehrere sein – meine ich den Teil von dir, den du ablehnst. All das, was dazu führt, dass du dich mit einer Verhaltensweise oder einer Person vergleichst, die du als negativ empfindest.

Du magst die Ente nicht besonders und fürchtest, dass du selber eine bist. Dann aber kippst du das Bild und verstehst, dass du zwar von der Silhouette her der Ente sehr ähnlich, aber in Wahrheit eben doch der Hase bist. Auf den ersten Blick seht ihr gleich aus, seid aber zwei eigenständige Wesen. Und anstatt die Ente (den abgelehnten Teil in dir) wegzuschubsen, lässt du sie Ente sein, begrüßt sie – und stellst zufrieden fest, dass dir Möhren mehr Vergnügen bereiten als Wasserlinsen. Wenn du das ein bisschen trainierst, dann wird es dir immer leichter fallen, Situationen zu erkennen, in denen du nach deinem abgelehnten Enten-Anteil handelst oder es zumindest so auslegst (und dich deshalb schlecht fühlst), aber das Gute ist: Sobald du das erkannt hast, kannst du diese negative Färbung durch ein neue, positive Story überschreiben. Und dann darf die Ente künftig ruhig dein Schatten sein, weil du verstanden hast, dass ihr nicht gleich seid.

In dem du das anerkennst, wirst du nicht nur ein stark verbessertes Selbstwerterlebnis haben, sondern auch feststellen, dass du von deinen nicht funktionierenden Bewältigungsversuchen, der Kompensation also, Stück für Stück Abstand nehmen kannst. Ich trage dieses Bild in meiner Handyhülle, damit ich, wenn ich einen Rückfall habe, schnell draufgucken kann. Dann sehe ich die Ente und weiß, dass sie zu mir gehört, ohne meinem Hasen und damit dem Teil von mir gefährlich zu werden, der mir ohnehin schon immer willkommen war.

. . . .

📢 **SAG'S DIR LAUT:** All deine Erfahrungen, dein Trauma, dein Schmerz sind Perlen. Jedes dieser Erlebnisse erweitert das Geschmeide, das du um den Hals trägst. Du bist aber nicht die Perlen. Du bist der Faden der Kette.

. . . .

🍸 *Date mit dir: Wo steckt DEINE Ente?*

Die Sache mit der Ente und dem Hasen ist insofern kompliziert, als sich das Federtier nicht nur im Großen versteckt, sondern auch im ganz, ganz Kleinen. Diese Stellen herauszubohren ist mühsam und erfordert viel Übung. Es geht am einfachsten, wenn du immer, wenn dir auffällt, dass du die Ente in dir ablehnst, innehältst und überlegst, was gerade genau passiert ist und was es getriggert hat. Vielleicht nimmst du dir auch ein Notizbuch, in das du deine Beobachtungen einträgst. Sozusagen dein ganz persönliches *Duck Journal*. Wie gesagt, wenn du etwas aufschreibst, am besten handschriftlich, geht es dir am schnellsten in Fleisch und Blut über.

Es kann sein, dass dir die Ente erst auffällt, nachdem du kompensiert hast (durch Essanfälle, Hungeranfälle, Sportwahn, Zurückgezogenheit etc.). Tritt einen Schritt zurück und überlege, wofür die Ente steht. In meinem Fall wäre das so etwas wie *Jetzt habe ich schon wieder eine Packung Eis gegessen > Ich habe mein Manuskript wieder nicht abgegeben > Ich bin unzuverlässig > Ich bin eine Versagerin > Ich bin ganz genau wie X.* Die Kausalkette muss für Außenstehende nicht logisch sein. Es geht darum zu erkennen, welche Zusammenhänge du unbewusst bildest.

Es kann aber auch sein, dass es dir vorher auffällt, also bevor du versuchst, das schlechte Gefühl zu verdrängen. Ziel ist, so weit zu kommen, dass du sofort reagieren kannst, wenn die Ente sich mit ihrer Schnabelspitze auch nur millimeterweit in dein Sichtfeld bewegt. Und zwar nicht mit Verdrängung, sondern mit Anerkennung. Enten sind unsere Freunde!

Du hast nichts zu verlieren, wenn du verzeihen lernst

Alte Muster versuchen wieder und wieder, bestimmte Reaktionen in uns auszulösen. Darum ist es so wichtig, die Vergangenheit loszulassen. Und loslassen bedeutet nicht, dass man alles auslöscht, was einmal war oder dass man Geschehnisse aus der Vergangenheit schlicht ignoriert. Loslassen bedeutet, dass man auf bestimmte Gedanken oder Geschehnisse nicht mehr anspringt wie ein tollwütiger Hund. Loslassen bedeutet, dass man sich genug mit sich und seinen Mustern beschäftigt hat, um zu wissen, dass sie nicht viel mehr sind als die Schatten einer alten Verletzung.

Das Loslassen in sich ist ein Paradoxon. Denn bevor ein Trauma oder ein Gefühl weichen kann, müssen wir erst mal ganz nah an das heranrücken, was wir ja eigentlich loswerden wollen. Das ist ungefähr so, als würdest du verhindern wollen, dass dich ein Hund beißt und dazu deine Hand tief in sein Maul steckst. Indem wir aber einem Trauma auf den Pelz rücken, schaffen wir es, den Teil in uns, der immer noch an etwas festhält, zu finden und ihm mitzuteilen, dass wir in Sicherheit sind – dass wir okay sein werden. Wenn das geschafft ist, können wir diesem verängstigten Teil ein neues Lebensgefühl geben, eines, das sich auf die neuen Herausforderungen freut und Lust hat, ihnen zu begegnen. Wenn das geschafft ist, entsteht automatisch ein Schwung nach vorne, der sogar körperlich all das weich werden lässt, woran wir manchmal jahrzehntelang festgehalten haben.

Oprah Winfrey, die US-amerikanische Talkmasterin, hat einmal gesagt, dass verzeihen bedeutet, der Vergangenheit keine Macht über die Zukunft zu geben: »Verwandle deine Wunden in Weisheit.« Da das Leben keine Kneipenschlägerei ist, nach der man sagt: »Schwamm drüber, jetzt trinken wir zusammen ein Bier«, heißt das im Umkehrschluss nicht, dass man Menschen, die einem schweren Schaden zugefügt haben, einfach feste in den Arm nimmt und sagt: »Mensch, war wohl nicht so gemeint.« Das kann man in manchen Fällen machen. Manchmal ist es besser, die Menschen aus seinem Leben auszuschließen – und ihnen dennoch zu vergeben.

Indem man vergibt, rechtfertigt man nicht die Taten des anderen. Indem man vergibt, erkennt man an, dass man selbst so wichtig ist, dass es sich lohnt, ein Leben ohne Groll zu führen. Ich habe das jahrelang nicht kapiert. Ich dachte, verzeihen bedeutet wirklich, sich wie nach einem Streit in den Arm zu nehmen und zu sagen: »Ich hatte Unrecht« – »Nein, ich!« – »Nein, ich!« Das zu schaffen, wäre mir unmöglich gewesen und so lief ich jahrelang mit einem mächtig dicken Hals durchs Leben, sauer auf all die Ungerechtigkeiten, die mir widerfahren waren. »Kein Wunder, dass es nicht klappt«, sagte ich mir wieder und wieder, »das kann ja auch gar nicht funktionieren bei der Kindheit!« Derart mit Wut vollgestopft zu sein frisst einen Großteil der Lebensenergie. Ich weiß nicht, ob du Menschen oder Ereignisse erlebt hast, die dein Herz auffressen. Falls ja, dann weißt du, dass das ein

Gefühl ist, das praktisch alles überzieht wie ein besonders hartnäckiger Schimmelpilz.

Als ich meine erste Familienaufstellung bei der wirklich ausgesprochen guten Carola von Bismarck in Hamburg gemacht habe, sagte sie mir im Vorgespräch, dass es wichtig sei, seine Eltern in die eigene Geschichte zu integrieren. Sofort reagierte ich mit Panik und Ablehnung. Ich dachte, sie verlangt von mir, dass ich gewöhnlichen Umgang mit meiner Mutter pflegen soll, als wäre alles vergessen. Was sie tatsächlich meinte war, dass ich andernfalls für immer von der Tatsache bestimmt sein würde, dass meine Kindheit der totale Mist war und ich ein zutiefst verwundetes Urvertrauen habe. Der Glaube, dass ich nicht liebenswert war, saß zu dem Zeitpunkt noch tief. Mein Thema war also ganz klar: Verzeihen und Loslassen.

Ich weiß nicht, ob du schon mal eine Familienaufstellung gemacht hast. Es ist ähnlich wie ein Besuch beim Osteopathen, du weißt nicht genau, was gerade passiert, aber das Gefühl der Erleichterung hinterher ist der absolute Wahnsinn. Das Abgefahrene bei Familienaufstellungen ist, dass niemand deine Fragestellung oder dein Thema kennt und dennoch alle die wichtigen Informationen besitzen. Das Ganze funktioniert so, dass du aus einem Raum voller dir unbekannter Menschen diejenigen als sogenannte Stellvertreter wählst, die dir aus dem Bauchgefühl heraus am geeignetsten erscheinen. Bei Carola geht es so, dass sie dich bittet, einen Stellvertreter für dich, einen für deine Mutter, einen für dein inneres Kind und Stellvertreter für weitere Familienmitglieder auszusuchen, die du dann, ebenfalls nach Intuition, im Raum verteilst. So entsteht ein tatsächliches Netz aus Menschen, ein System eben, und unglaublicherweise wissen diese Menschen Dinge über dich, die du längst vergessen hast. Ich kann mir das wirklich nur so erklären, dass wir ständig unbewusst über Kanäle, die ich nicht verstehe, Informationen senden. Vergleichbar ist dieses Gefühl nur damit, wenn du wie aus dem Nichts heraus denkst, hinter der Ecke in einen Bekannten hineinzulaufen – und er dann tatsächlich vor dir steht – oder dich plötzlich jemand anruft, an den du just in der Sekunde gedacht hast.

Jedenfalls wählte ich eine Frau für meine Mutter aus und wusste nicht so recht, wohin mit ihr. Am liebsten hätte ich sie ganz aus dem Raum komplimentiert, aber das ging nicht. Stattdessen stellte ich sie ganz hinten in die Ecke. Und jetzt passierte etwas Verblüffendes: Während vorne Carola meine Gefühle durchging, indem sie die Personen und das, wofür sie standen, in unterschiedlichen Konstellationen hin und her schob und fragte, ob sich das Gefühl innen veränderte, fing die Stellvertreterin hinten in der Ecke plötzlich an, sehr zu weinen. »Ich will so gerne zu dir kommen«, sagte sie zu meiner Ich-Stellvertreterin. »Aber ich weiß einfach nicht, wie.«

Ich will so gerne zu dir kommen. Aber ich weiß nicht, wie.

Dieser Satz hat mich umgehauen. Ich weiß ganz sicher, dass das genau das Problem ist, das zwischen uns steht. In diesem Augenblick habe ich zum ersten Mal Erleichterung verspürt und die Gewissheit, dass sogar ich, die so in ihrem Schmerz gefangen war, verzeihen kann.

· ·

📢 **SAG'S DIR LAUT:** Meine Vergangenheit definiert nicht meine Zukunft.

· ·

Der Entschluss, sich von Menschen zu trennen, die dich verletzt haben, ist noch nicht genug. Du musst dich auch von der Version deiner selbst trennen, die zugelassen hat, dass dir das so lange angetan wurde. Dieser Version von dir musst du ebenfalls verzeihen. Vielleicht warst du übergriffig, wie ich es so oft war. Oder gemein oder hast gelogen oder andere Menschen sonst wie verletzt. Es ist gut, wenn du dich dafür schämst, denn das ist meiner Meinung nach ein Zeichen dafür, dass du nicht mehr der Mensch bist, der du damals warst. Weiterentwicklung, Baby! Du darfst dich aber nicht von der Tatsache, dass du miese Dinge getan hast, abhalten lassen, künftig Großes zu tun. Hol dir Hilfe, wo es nötig ist und sprich darüber, warum du damals geglaubt hast, das Richtige zu tun oder schlichtweg keinen anderen Weg gefunden hast.

Ich glaube, dass alle Menschen unseren Weg kreuzen, damit wir aus den Begegnungen lernen können. Manche kommen in unser Leben wie eine Abrissbirne, andere bleiben für immer. Sobald du etwas fühlst (und ich hoffe, du erlaubst dir inzwischen, einfach ALLES zu fühlen), kannst du dir Situationen und Begegnungen immer unter dem Gesichtspunkt des Lernens anschauen. Das kann zum Beispiel so aussehen:

- ♣ Ich fühle mich mies, weil X das gesagt hat. Warum ist das so?
- ♣ Ich wollte X nicht verletzen, warum habe ich es dennoch getan?
- ♣ Wenn X anwesend ist, fühle ich mich, als hätte ich das Sprechen verlernt. Warum?
- ♣ Ich fühle mich mit X niemals wohl, warum bestehe ich dennoch auf dieser Freundschaft?
- ♣ Mit X habe ich genau den gleichen Partnertyp wie zuvor gewählt. Was kann ich noch lernen?

Und so weiter. Wenn du zurückblickst und schon einigermaßen den Durchblick hast, wird dir völlig klar, warum bestimmte Beziehungen kaputtgegangen sind oder zum Scheitern verurteilt waren und welches Bedürfnis sich dahinter versteckt hat. Dann kannst du stolz sein auf den Weg, den du schon geschafft hast.

. . . .

📣 **SAG'S DIR LAUT:** Wenn du nicht heilst, was dich verletzt, dann blutest du auf Menschen, die dich nicht verwundet haben.

. . . .

Manchmal ist es schwer zu erkennen, wie weit man schon gekommen ist. Ich finde es hilfreich, Tagebuch zu führen. Du kennst sicher das peinliche Gefühl, das einem den Nacken hochkriecht, wenn man seine Tagebücher aus der Pubertät noch mal liest.

»12. Januar 1989. Heute hat Daniel gesagt, dass er meine Hose total süß findet. Er ist sooo niedlich! Wäre die blöde Melanie nicht gekommen, hätte er mich bestimmt zum Eis eingeladen. Ich hasse Melanie!«

»20. Januar 1989. Ich bin ganz sicher, dass ich meinen Traummann gefunden habe. Er heißt Benjamin, aber ist kein Elefant, tööörööö. Nein, Scherz. Er kommt vom Amos-Comenius-Gymnasium und hat genauso eine tolle Frisur wie Charlie Sheen in Young Guns. In der Bravo habe ich gelesen, dass Jungs mit vielen Haaren besonders gut küssen können. Na ja, selber gelesen habe ich es nicht, weil ich ja keine Bravo kaufen darf. Das ist echt so bescheuert! Aber Melanie hat es mir erzählt, also stimmt es sicher. Ich habe schon mit Benjamins Nachnamen unterschrieben, das passt richtig gut!«

»9. Februar 1989. Ach, Simon. Warum antwortest du mir nicht?«

Wenn du mir nicht glaubst, sieh in deinen eigenen Tagebüchern nach. Ich weiß nicht mal mehr, wer die Typen sind, in die ich verknallt war, aber ich bin froh, dass ich nicht mehr so bin wie in der Pubertät. Und trotzdem bleiben es die Jahre, in denen man zum ersten Mal bei vollem Bewusstsein lebt.

Deine Erlebnisse, egal ob gut oder schlecht, sind die Bücher in der Bibliothek, die dein Leben ist. Bücher schmeißt man nicht einfach weg, aber man kann sie an einen Ort bringen, an dem sie bleiben können, wenn du sie häufig genug gelesen hast. Mein Vorschlag ist, dass du dir ein inneres Archiv zulegst, in das du all die Bücher (Erlebnisse, Traumata, Verwundungen) packst, die du jetzt in deiner neu gestalteten Bibliothek nicht mehr in erster Reihe brauchst. Welche Bücher stellst du weg? Schreib dir das auf! Du kannst dir all das auch wie Narben an deinem Körper vorstellen. Vielleicht bist du mal mit dem Fahrrad gestürzt oder hattest eine Blinddarmoperation. Die Narben sind da, aber du spürst sie nicht mehr und sie hindern dich an nichts, weil du sie völlig in dein Sein integriert hast.

Du hast *wirklich* nichts zu verlieren, wenn du verzeihen lernst

Ich möchte sicherheitshalber noch ein paar Sachen zum Thema Verzeihen sagen, weil es wirklich ein Ungetüm ist und manchmal einfach nur erschreckend wirkt. Wenn man dieses Monster von Weitem betrachtet, sieht es groß und gewaltig aus. Wenn du aber näher herangehst, dann siehst du die kleinen pelzigen Stellen, putzige Speckfalten und vielleicht sogar ein kleines Lächeln im Monstergesicht. Der unverstellte Blick auf die Details des Kolosses ist extrem wichtig, nur so kannst du sehen, mit wem du es zu tun hast. Es gibt ein indisches Sprichwort, das heißt: »Wie isst man einen Elefanten? Stück für Stück.« Du sollst den Elefanten (das Monster) natürlich nicht aufessen, aber du sollst dir den Druck nehmen, das Ding mit einem Schlag bewältigen zu müssen.

Es ist ja leider so: Kein Mensch kann in seiner Geschichte zurückgehen und einen brandneuen Start hinlegen. Aber jeder Mensch kann *jetzt* starten und ein brandneues Ende bauen. Deine Story ist zu jedem Zeitpunkt deines Lebens genau das, was du daraus machst. Das musst du dir immer vor Augen halten, vor allem in den Momenten, in denen das Ungetüm übermächtig erscheint.

An meinem Kühlschrank hängen eine Menge Fotos und unter anderem eine große Karte, auf der ein Mädchen mit einem Monster auf dem Sofa sitzt. Darüber steht: Du kannst deine Ängste nicht immer loswerden, aber du kannst lernen, mit ihnen zu leben. »Noch etwas Tee?«, fragt das Mädchen. Ich finde dieses Bild wahnsinnig tröstlich, weil so viel Wahres darin steckt. Nicht jede Angst kann vollkommen überwunden werden. Bei denen, die unser tiefstes Verständnis von uns selbst berühren, ist es ziemlich kompliziert. Bei anderen geht es ganz leicht, zum Beispiel bei der Angst vor Spinnen. Wer einmal eine Vogelspinne auf der Hand hatte und in ihre großen, putzigen Augen gesehen und die kleinen, pelzigen Härchen gespürt hat, verliert jede Form von Horror davor. Ähem... noch etwas Tee?

Die Wahrheit ist, dass du dich keinen Zentimeter vorwärts-bewegen wirst, wenn du nicht loslässt, wenn du dir selbst und den anderen nicht verzeihst, wenn du nicht verinner-lichst, dass du längst nicht mehr da bist, wo du früher warst. Sprich mit jemandem, der eine Art Objektivität dir gegen-über hat, also ein Coach, Therapeut oder Therapeutin – ir-gendjemand, der keine persönliche Story mit dir hat. Du brauchst jemanden, der unbequem für dich ist und dir hilft, die unbequemen Wahrheiten auszusprechen. Das geht nur, wenn derjenige die nötige Distanz zu dir hat.

Verzeihen oder vergeben ist nicht das Gleiche wie vergessen. Jemandem zu verzeihen bedeutet nicht, das Geschehene zu rechtfertigen. Zu vergeben bedeutet, die Zähne an der Kehle des anderen zu lockern. Wenn du jetzt darüber nachdenkst, ob die Person, mit der du Schwierigkeiten hast, sich dadurch ändert, dann kann ich dir leider keine Antwort geben. Ver-mutlich nicht. Verzeihen ist etwas, das du für dich machst. Was ich aber sicher weiß, ist, dass du nur so heilen kannst. Ob die Beziehung zu dem anderen Menschen dadurch ge-sund wird, ist meiner Meinung nach wirklich zweitrangig. Sich daran aufzuhängen, dass ein anderer den gleichen Weg wie du einschlägt, hält dich wirklich unnötig auf. Jeder geht in seinem eigenen Tempo.

Vergebung macht noch keine Beziehung. Ob ein Band entstehen kann, hängt allein davon ab, ob auch die andere Seite ihren Anteil an der Geschichte anerkennt und bereit ist, sowohl ihr Verhalten als auch das Mindset zu verändern.

SAG'S DIR LAUT: Ohne Veränderung ist kein Vertrauen möglich und ohne Vertrauen keine Beziehung.

Ob sich die andere Person verändern möchte, ist, wie ich schon sagte, ihr selbst überlassen. Ich habe jahrelang vergeblich darauf gehofft und dann zum Glück kapiert, dass der Zustand, wie ich ihn mir in meinen Träumen ausmale, niemals eintreten wird. Und das ist auch okay so. Ich denke, es hilft vielleicht auch dir, zu wissen, dass Menschen, die selbst tief verletzt wurden, häufig andere verletzen – das ist einfach das Ergebnis ihres eigenen, unaufgearbeiteten Schmerzes. Wenn andere grob und rücksichtslos sind, kannst du darauf wetten, dass sie die dunklen Kammern in ihrem Herzen noch nicht mal kurz zum Lüften geöffnet haben. Sie versuchen, die Wut und Trauer, die in ihnen steckt, abzuleiten und der einfachste Weg dafür ist es, die Wut auf andere zu übertragen. Solchen Menschen selbst mit Wut zu begegnen, bringt gar nichts. Es ist so, als würde man einen Schneemann mit Schneebällen bewerfen.

Ich denke, dass sich jeder Mensch in seinem Leben einmal irrt. Manchmal dauert dieser Irrtum nur einen kurzen Moment, manchmal aber auch Jahre. Wir tun die falschen Dinge, und manche von ihnen haben schreckliche Konsequenzen. Aber das bedeutet nicht, dass wir schlechte Menschen sind oder man uns nicht vertrauen kann; es bedeutet nur, dass wir den richtigen Weg für einen Augenblick verloren haben.

Gerade was die Familie betrifft, ist der Weg des Verzeihens so schmerzhaft, weil es eigentlich anders sein sollte. Aber sollte es das wirklich? Ich glaube, dass Familie nicht durch eine Geburtsurkunde entsteht, sondern durch eine Verbindung, die mit dem Herzen getroffen wird. Du kannst diese Verbindung zu jedem Menschen knüpfen, egal, ob blutsverwandt oder nicht. Nur hassen darfst du nicht. Denn was du hasst, wird immer in deinem Herzen sein. Und da hat es eigentlich keinen Platz.

Stattdessen fühlt es sich erstklassig an, ein Mensch zu sein, der das Gute nährt und etwas aufbaut. Sei jemand, der ein verständiges und verzeihendes Herz hat, einfach, weil es so viel gesünder ist. Das funktioniert nicht immer und jeden Tag, aber versuch es so oft wie es geht. Wenn du immer nach dem Besten in den Menschen suchst, lässt du sie besser zurück, als du sie gefunden hast.

⚡ Power-up-Ritual

Setz dich abends vor dem Schlafengehen auf den Boden und überkreuze die Beine. Du kannst dir natürlich ein Kissen unterlegen, das ist viel bequemer. Schließ die Augen und atme tief in den Bauch, immer schön ein und aus, bis sich dein Puls beruhigt hat. Jetzt denke an eine Situation, egal ob aktuell oder alt, die du loslassen möchtest. Das kann ein Streit sein, den du eben noch hattest, oder etwas, das dir in deiner Kindheit passiert ist. Nimm etwas, das dich belastet und um das deine Gedanken kreisen. Deine Augen bleiben geschlossen, verstanden? Jetzt gehst du in das Gefühl hinein. Sieh dich genau um, als würdest du eine neue Wohnung besichtigen. Wie fühlt es sich an? Wo fühlst du es? Was löst es in dir aus? Angst? Wut? Trauer? Gehe tiefer in dieses Gefühl hinein und erlaube ihm, jede einzelne Faser deines Körpers zu durchdringen. Du bist jetzt ganz und gar Wut, Trauer, Angst. Fühl tiefer in das Gefühl hinein. Kann es dir gefährlich werden? Nein. Es kann dir nichts tun. Sag dir das laut, während du mit geschlossenen Augen tiefer in dieses Gefühl vordringst: »Diese Angst kann mir nichts tun. Diese Wut nicht. Diese Trauer nicht.« Du atmest ruhig weiter und spürst, dass das Gefühl da ist und du es überall spürst. Aber es kann dir nichts tun. Das spürst du deutlich. Du bist nicht dieses Gefühl. Aber es darf bei dir sein. Du darfst es fühlen. Und während du tagsüber daran arbeitest, die Ursachen zu ergründen, darf es dich jetzt verlassen. Du atmest tief ein und aus und lässt es durch deinen geöffneten Mund entweichen. Du bist ganz ruhig und bereit zu schlafen. Bitte wirklich keine elektronischen Geräte mehr benutzen nach dieser Übung!

Du hast nichts zu verlieren, wenn du nichts mehr auf die Meinung anderer gibst

Ich möchte dir eine Geschichte erzählten, die ich auf *Paulas Mädelsabend* häufiger erzählt habe. *Paulas Mädelsabend* ist eine Veranstaltungsreihe, bei der ich in nicht zu großer Runde, so 100 bis 150 Frauen, davon spreche, was ich bislang im Leben gelernt habe. Im Grunde ist es wie eine große Gruppentherapie, nur lustiger, obwohl auch geweint wird. Mein Wunsch dahinter war, anderen Frauen die Möglichkeit zu geben, sich selbst mutig zu öffnen und vor allem zu verstehen, dass sie eben nicht alleine sind. Das ist so, so wichtig. Wer in der Sackgasse sitzt, glaubt ja fast immer, dass es nur ihm bzw. ihr so geht, dabei stimmt das nicht. Jeder sitzt alleine in seiner Sackgasse und fühlt sich verloren, obwohl wir nur die Hand ausstrecken müssen und schon ist jemand da. Das ist mein Lernziel an diesen Abenden. Der Grund, warum nur Frauen kommen dürfen (bis auf eine Ausnahme in Münster, da durfte ein Mann mitkommen, weil es ein Geschenk an seine Frau war), ist der, dass Frauen sich vollkommen anders benehmen, sobald auch nur mehr als drei Männer im Raum sind. Es ist wirklich verblüffend. Die Stimmung wird aggressiver, weniger offen und plötzlich befinden sich ganze Gruppen miteinander im Wettstreit wie beim Hühnerkampf. Um so richtig die Hosen herunterzulassen, ist das nicht ideal. Also nur Frauen.

Die Geschichte, die ich meine, handelt von Schuhen. Turnschuhe, um genau zu sein. Es waren tolle Turnschuhe, der letzte heiße Scheiß sozusagen. Und ich hatte sie nicht. Alle anderen schon.

Als Kind fühlt man sich häufig fehl am Platz, weil fast alles zum ersten Mal passiert und man ahnungslos, aber irgendwie restlos begeistert durch die Welt tappst wie ein Golden Retriever Welpe. Mein größter Wunsch war immer dazuzugehören. Ich wollte ein Mädchen sein, das auf jede Geburtstagsparty eingeladen wird. Ich wollte die sein, die gut in der Schule ist, aber trotzdem so cool, dass man von ihr Hausaufgaben abschreibt. Ich wollte die sein, die so viele Briefchen zugesteckt bekommt, dass sie ihr Einmachglas, in dem sie die Zettel aufbewahrt, wie einen Pokal mitten in ihr Zimmer stellt, weil es so beeindruckend ist. Stattdessen wurde ich praktisch nie auf Geburtstage eingeladen, war extrem mittelmäßig in der Schule und anstatt massenweise Zettelchen zu bekommen, war ich diejenige, die die Briefchen über den

Hof schleppte, damit Cool und Supercool sich ihre Zuneigung gestehen konnten. »Wenigstens«, dachte ich mir dann, »will ich gut angezogen sein.«

Na ja. Du kannst dir denken, wie prima *das* geklappt hat. Meine Klamotten waren ausschließlich abgetragene Kleidungsstücke von Bekannten oder aber billige Kopien von hippen Sachen, die so aussahen wie die Dinge, die man heutzutage auf *Wish* bestellen kann. Der Grundgedanke ist ersichtlich, die Umsetzung aber … na ja.

Es gibt Studien, die sich mit der Attraktivität von Menschen beschäftigen. Eine davon, die im *Scandinavian Journal of Psychology* veröffentlicht wurde, hat untersucht, wie Menschen die eigene Attraktivität einschätzen. Erstaunlicherweise kam dabei heraus, dass sich Menschen als umso attraktiver einschätzen, je unattraktiver sie sind. Ich bin keine, die nach Komplimenten fischt. Und darum kann ich dir ehrlich bestätigen, dass ich wirklich absolut unattraktiv war und das sage ich hier nicht, um meine kindliche Schönheit herunterzuspielen. Ich sah so aus, als hätten Gollum und der Höhlentroll aus *Herr der Ringe* ein uneheliches Kind miteinander gezeugt, verbaut, krumm und mit einem Schielen ausgestattet, das mehrere Menschen gleichzeitig observieren konnte.

Um meine Merkwürdigkeit noch etwas offensichtlicher zu machen, stammten meine Haarschnitte ausschließlich von jungen Friseurlehrlingen, bei denen ich Modell sitzen musste.

Diese Schnitte waren umsonst und sahen auch so aus. Rückblickend kann ich nicht mit Sicherheit sagen, ob nicht mehrere Frisuren gleichzeitig auf meinem Kopf stattfanden. Einmal hatte ich obendrauf einen Igelschnitt, hinten eine
Asymmetrie und an den Seiten steif mit Haarlack fixierte
Flügel, die leider nicht genug flatterten, um mich aus meiner Schande hinwegzutragen.

Aber es gab Hoffnung. Und diese Hoffnung waren Turnschuhe.

Ein Mädchen aus meiner Klasse, nennen wir sie Katharina,
war schon mit 11 Jahren so etwas wie eine Modeikone. Sie
hatte immer, wirklich immer den allerheißesten Scheiß an.
Chevignon-Jacke? Check. Vanilia-Hose in verschiedenen
Farben? Check. Adidas-Stiefel? Logo. Mit Duftschnürsen-
keln (Erdbeer UND Banane!)? Natürlich. Katharina war unser Poster-Girl. Was sie trug, davon hatte die *Bravo* noch
nicht mal Wind bekommen. Und dann, eines Tages, kam sie
in die Schule und hatte neue Stiefel an. Die »Tennis Spezial«
von Adidas.

Die »Tennis Spezial« muss man sich ungefähr so vorstellen
wie Nike Air Max, als sie herauskamen. An sich nichts Be-
sonderes, aber wenn du in der Masse mitschwimmen willst,
dann musst du sie einfach haben. Ich war hingerissen. Der
Schuh war weiß und knöchelhoch, hatte eine ziemlich dicke Sohle, vorne ein graues Wildlederkäppchen und drei

dunkle Streifen an der Seite, die durch zwei Reihen winziger Löcher unterteilt wurden. Ich schnaufte schwer. Vielleicht lag es an der Mondänität des Wortes »Tennis«, vielleicht an der Souveränität von Katharina, vielleicht an der Tatsache, dass nach und nach alle coolen Kinder diese Schuhe trugen – ich wusste nur, dass ich diese Schuhe ebenfalls besitzen musste, wenn ich gesellschaftlich noch irgendwas reißen wollte.

Da wir nicht viel Geld hatten, war mir klar, dass ich taktisch vorgehen musste. Also streute ich in Gesprächen mit meiner Mutter hier und dort ein, wie cool die »Tennis Spezial« wären. Erwähnte, dass man einfach ein besserer Mensch war (offensichtlich!), wenn man diese Schuhe trug. Seufzte, dass ich auch gerne welche hätte. Als gar nichts half, verfiel ich aufs Betteln. Bitte, bitte, bitte, ich mache doch immer meine Hausaufgaben, ohne dass du was sagen musst!

Und dann, an einem fantastischen Nachmittag, sagte meine Mutter auf einmal: »Morgen können wir diese Schuhe kaufen.« Ich fühlte mich wie die Wüste Gobi nach einem Regenschauer.

Am nächsten Tag ging ich mit stolzgeschwellter Brust in die Schule (was anstrengend war, ich hatte damals noch keinen Busen, anders als Katharina, natürlich). Dort verkündete ich, dass ich ab morgen auch zum Club der Coolen gehören würde. An diesem Mittag ging ich beschwingt nach Hause, wissend, dass sich sogar für mich die Dinge zum Guten wenden würden. Meine Mutter packte ihren Geldbeutel ein und gemeinsam fuhren wir die zwei Stationen bis in die Innenstadt. Wir steuerten direkt auf den Kaufhof zu, ich stramm voraus, und fuhren mit der Rolltreppe in die Schuhabteilung.

Der Kaufhof in Bonn war schon damals nicht das Zentrum des Savoir-vivre, aber immerhin gab es eine ganz vernünftige Auswahl an Sportschuhen. Hinten konnte ich schon das Regal mit den »Tennis Spezial« sehen, sorgfältig zur Schau gestellt wie eine Armee modernen Glücksgefühls. Ich flog darauf zu. Kurz vor dem Regal war eine Grabbelkiste mit anderen Schuhen und einem Schild: »Adidas Ivan Lendl Spezial. Jetzt reduziert.«

»Moment mal«, sagte meine Mutter (oder etwas in der Art, ab hier ist meine Erinnerung durch das Hämmern meines Herzens getrübt) und blieb abrupt stehen. »Was ist denn mit denen hier? Die sind doch auch schick und sogar heruntergesetzt!« Ich konnte spüren, wie mein Traum in kleine Stückchen zerbrach, genauer gesagt in fade Halbschuhe mit drei Streifen in unterschiedlichem Blau. Napoleon muss sich nach der Schlacht von Paris ähnlich gefühlt haben wie ich, als ich am nächsten Tag in die Schule ging.

Entschuldige die lange Ausführung. Aber diese Geschichte hatte ich jahrzehntelang verdrängt, bis sie mir eines Tages wieder einfiel, als ich darüber nachdachte, wann ich angefangen hatte, besonders großen Wert auf die Meinung anderer zu legen. Die Sache ist natürlich die: Selbst wenn ich die »Tennis Spezial« bekommen und nur noch die tollsten Klamotten getragen hätte, es hätte sich nichts geändert. Dass ich absolut uncool war, lag nicht daran, dass ich aussah wie ein schlecht frisierter Troll. Sondern daran, dass ich fest daran geglaubt habe, einer zu sein.

Die Außenwelt ist immer eine Reflexion der inneren Welt. Und die Art, wie andere dich sehen, ist eine Reflexion des Betrachters. Die Weise, in der du darauf reagierst, ist allerdings ein Spiegel dessen, wie du selbst über dich denkst. Insofern ist es interessant, darauf zu achten, was andere über dich denken. Aber nicht, um dich um deren Meinung zu scheren, sondern um zu verstehen, was deine Meinung von dir selbst ist. Ein einfaches Beispiel. Du postet auf Instagram ein Bild von dir, weil du dich darauf schön findest und ein bisschen positive Verstärkung gebrauchen kannst. Während all deine Freunde Dinge schreiben wie »Hot!« oder »Wie toll du aussiehst« (vielleicht gibt es sogar die eine oder andere Stimme, die feststellt, wie schön es ist, mit dir befreundet zu sein, weil du einfach eine klasse Type bist), gibt es einen Clown, der einen hässlichen Kommentar dalässt. »Ganz schön faltig geworden« oder vielleicht »Du warst aber auch mal besser in Form«. Egal, ob 20 oder 200 Leute zuvor gesagt haben, dass ihnen das Bild von dir gefällt – wenn du auch nur ein bisschen unsicher bist, wirst du zu 100 Prozent die ganze Zeit darüber nachdenken, was in diesem einen Kommentar geschrieben stand. Du wirst überlegen, ob der- oder diejenige recht hat. Vielleicht warst du wirklich mal besser in Form. Aber ich wette, dass daraus nicht wird: »Es stimmt, früher habe ich superviel Sport gemacht, heute liegen meine Prioritäten woanders. Und das ist okay.« Sondern: »Ich sollte mich wirklich schämen, warum bin ich nur so faul? Andere kriegen das doch auch hin!« Vielleicht sogar gefolgt von einem kleinen »Ich kann wirklich nichts richtig machen!« So oder so ähnlich klingen die Kausalketten im Inneren von Menschen, die sich bei sich selbst nicht sicher sind, sondern ihr Wohlgefühl davon abhängig machen, was andere über sie denken. Aber eines kann ich dir garantieren: Wenn du in diesem Rennen mitläufst, kannst du nicht gewinnen.

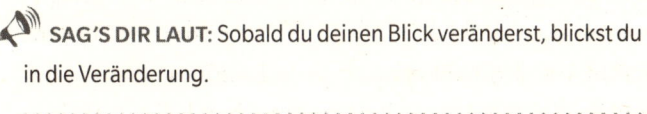 **SAG'S DIR LAUT:** Sobald du deinen Blick veränderst, blickst du in die Veränderung.

Ich weiß nicht, ob du schon mal einen hässlichen, völlig unnötigen Kommentar auf Social Media abgegeben hast. Ich hoffe nicht, aber wenn, dann wäre es gut, wenn du dir die Situation noch einmal in Erinnerung rufst, ich möchte wetten, dass du wegen etwas völlig anderem schlecht drauf warst und unbewusst ein Ventil gesucht und gefunden hast, um deinen Frust loszuwerden. Solche Prozesse laufen meistens unter der Haut ab und man bekommt nicht richtig mit, warum man gerade so sauer ist. Die richtige Antwort auf eine derartige Attacke ist dementsprechend nicht, eine aggressive Haltung einzunehmen und zu schreiben, dass der andere selber superunsportlich ist. Und schon gar nicht in die Selbstzerfleischung, weil man wirklich nur noch herumsitzt (auch dafür wird es momentan einen Grund geben). Die richtige Reaktion ist das Mitgefühl. Das gilt übrigens auch im richtigen Leben. Warum hat die Person das Bedürfnis gemein zu sein? Wo kannst du so viel Wärme zeigen, dass der andere sich entspannt und sein Unglück anders formulieren kann, nämlich dort, wo es nicht auf dem Rücken anderer ausgetragen wird? Es gibt auf Twitter einen legendären Austausch zwischen der US-Komikerin Sarah Silverman und einem Troll, der zeigt, wohin Mitgefühl führen kann.

Troll: »Fotze.«

Sarah Silverman: »Ich glaube an dich. Ich habe deine Timeline gelesen und sehe, was du tust und deine Wut ist schwach versteckte Wut. Aber weißt du was. Ich kenne dieses Gefühl. PS: Mein Rücken … ist auch Mist. Schau was passiert, wenn du dich für Liebe entscheidest. Ich sehe es in dir.«

Wie sich herausstellte, war der Mann als Kind Opfer eines Übergriffs geworden, hatte keine Arbeit und zudem ein chronisches Rückenleiden. Statt ihn für seinen unangebrachten Kommentar zu beschimpfen, zeigte Silverman sich und der Welt, dass immer stimmt, was Michelle Obama gesagt hat: »When they go low, we go high.« Schlussendlich gelang es Sarah Silverman mit Hilfe ihrer Fans, einen Arzt zu finden, der den Mann behandeln würde, zudem gab es ein Crowdfunding, um ihm ein bisschen unter die Arme zu greifen. »Ich sehe etwas in dir. Mein Bauch sagt mir, dass du ein großartiges Leben haben könntest«, schrieb sie. Und: »Du bist nicht alleine.«

Du kannst davon ausgehen, dass es immer mindestens zwei Realitäten gibt. Nämlich die, die du dir in deinem Kopf bastelst und dann die, die in der objektiven Wirklichkeit stattfindet. Und da es jedem da draußen so geht, ist der Sache, die wir »Meinung« nennen, nicht zu trauen. Das ganze Konstrukt besteht ausschließlich aus Leuten, die alle ihre eigene Agenda haben, und niemand ist neutral. Das ist gar nicht möglich. Kurzum: Auf die Meinung anderer Leute etwas zu geben ist ungefähr so, als würde man versuchen, Torten zu bewerten, obwohl man gar nichts schmecken kann. Man kann es auch einfach lassen.

Meine Meinung ist zum Beispiel, dass Andie MacDowell in *Vier Hochzeiten und ein Todesfall* eine furchtbare Fehlbesetzung war und ich die Begeisterung von Hugh Grant alias Charles für diese kalte Kuh bis heute nicht nachvollziehen kann. Ich finde außerdem, dass

- ♣ Emma Watson in *Die Schöne und das Biest* totale Kacke war.
- ♣ Jack in *Titanic* natürlich auf die rettende Tür im eisigen Wasser gepasst hätte.
- ♣ Madonna fürchterlich überbewertet ist.
- ♣ Kaffee schrecklich schmeckt.

♣ die Mona Lisa in echt eine ziemliche Enttäuschung ist.

♣ Carrie Bradshaw kein gutes Vorbild für Frauen ist.

Über jeden dieser Punkte ließe sich vortrefflich streiten, aber was wäre der Gewinn? Solange du kein menschenverachtender Blödian bist, gehe ich mal davon aus, dass sich praktisch jede Kritik an dir auf Äußerlichkeiten bezieht und ich kann dir nur raten, deine Energie nicht damit zu verschwenden, weiter darüber nachzudenken.

Es ist natürlich ein bisschen kniffliger, wenn du innerhalb eines Familiensystems gepiesackt wirst. Vor Kurzem hat eine Frau etwas per Etsy bestellt. Bei dem Produkt lag ein handgeschriebener Zettel mit den Worten: »Das Paket hat meine Schwiegertochter gepackt. Ich hoffe, es ist alles in Ordnung. Sie macht nie etwas richtig.« Ich hoffe, dass besagte Schwiegertochter, wenn sie davon Wind bekommt, die richtigen Schlüsse daraus zieht. Nämlich a), dass sie in ein verdammtes Schlangennest geheiratet hat und sich überlegen muss, ob sie ihre Zeit weiterhin einer lieblosen Person zur Verfügung stellt. Und b), dass ihre Schwiegermutter offenbar tiefgreifende Probleme hat, die sie am besten mit Hilfe einer guten Therapeutin oder eines Therapeuten in den Griff bekommt. Und abschließend c), dass sie ihr Bestes gibt und verdient hat, auch so behandelt zu werden, denn d) hat die Unzufriedenheit der anderen Frau sehr wenig mit ihr zu tun. Selbst wenn die Schwiegertochter faul und ein bisschen ungeschickt wäre, liegt das Problem immer noch bei der Schwiegermutter. In dem Fall ist es nämlich an ihr, ein klärendes Gespräch zu suchen und sich jemand Qualifizierteren oder Motivierteren für den Job zu suchen – während sie gleichzeitig respektiert, dass ihr Sohn sich diese Frau selbst ausgewählt hat.

Wenn du das Gefühl hast, extrem von der Meinung anderer abhängig zu sein, dann hast du ein Problem mit deinem Selbstwertgefühl. Dazu kommen wir gleich noch ausführlich. Ich möchte dir hier schon ein paar Tipps geben, die dir helfen können, wenn es akut ist.

Wichtig ist, dass du zunächst einen klaren Blick auf die Situation bekommst. Dabei helfen dir folgende Fragen:

- ♣ Welches Gefühl hatte ich in der Situation, als ich eine Fremdmeinung persönlich genommen habe?
- ♣ Welches Gefühl löst die Fremdmeinung aus bzw. vor welcher Bewertung hätte ich am meisten Angst?

Wenn du das getan hast, kannst du die Situation mit der nötigen Distanz betrachten, um die sehr wichtige 1er-Regel anzuwenden.

. . . .

📢 SAG'S DIR LAUT: Hat etwas in einer Stunde, einer Woche, einem Monat, einem Jahr noch Bedeutung? Wenn nein, dann lass es sofort los.

. . . .

Anschließend kannst du dich fragen, wofür deine Sorge wirklich steht. Denn das sind alles Themengebiete, an denen du arbeiten musst. Du musst dir immer klarmachen, dass du als Mensch von deinem Umfeld genau dahintrainiert wirst, wo es für dein Umfeld mit dir am bequemsten ist. Und wenn du das hinnimmst, dann lebst du immer zu seinen Konditionen und niemals zu deinen.

Du hast nichts zu verlieren, wenn du dich selbst ziemlich okay findest

Das Wort Selbstliebe ist riesig groß. Früher habe ich es gerne benutzt, aber inzwischen finde ich, dass es den Kern der Sache gar nicht so trifft, sondern ein bisschen in die Irre führt. Liebe ist ja etwas, das nur bedingungslos funktioniert. Es stimmt schon, dass das Verhältnis, das du idealerweise mit dir selbst hast, so sein sollte. Sich selbst bedingungslos zu lieben und auch dem schnöseligsten Baufehler mit Milde begegnen zu können, ist aber ein ewig langer Weg. Und darum finde ich inzwischen, dass das Wort Selbstliebe einfach zu viel Druck aufbaut. Diese Bedingungslosigkeit ist nicht zu schaffen, wenn man auf der Wanderung ist und ich will vermeiden, dass Frust entsteht. Mein Vorschlag ist daher das Wort Selbstakzeptanz.

Selbstakzeptanz ist viel inklusiver, finde ich. Nehmen wir zum Beispiel den Körper. Jeder, der schon einmal mit ihm gehadert hat, egal ob in Funktion oder Aussehen, weiß, dass die Begeisterung für sich selbst absolut tagesabhängig ist. Es soll absolut das Ziel sein, sich selbst genauso anzunehmen, wie man ist. Aber ich finde, es ist psychologisch einfacher, wenn man noch ein bisschen Raum hat zu meckern. Nicht so, dass es selbstschädigend ist, klar. Aber so, dass man über ein paar Dinge schimpfen kann, ohne sich selbst den Teppich wegzuziehen oder sich gar darüber zu ärgern, dass man es nicht schafft, sich vollumfänglich bestens zu finden.

Ich finde es super, dass es die Body-Positivity-Bewegung gibt, weil endlich darüber diskutiert wird, dass Menschen nicht in der Fabrik hergestellt werden, sondern dass die bunt zusammengewürfelte Genmixtur zu den interessantesten, wildesten, herrlichsten Kombinationen führt. Nicht jede dieser Kombinationen entspricht gerade dem Zeitgeist oder dem kulturellen Normgeschmack. Während in unserer Kultur etwa ein Hinterteil wie meines als ausgesprochen prall gilt, würde ich in Namibia für die magere Ausstattung meine Pobacken belächelt – Frauen mit einem so bedauernswert dürftigen Hintern haben auf dem dortigen Heiratsmarkt schlechtere Chancen. Wie alles im Leben ist also auch die Selbstwahrnehmung des Äußeren in Relation zum Umfeld zu betrachten. Und selbst dann spielt das Aussehen nicht eine halb so große Rolle wie sich alle immer vorstellen. Ich werde ja nicht müde zu wiederholen, dass ein wahrhaft schöner Mensch vor allem an der Qualität seines Handelns zu erkennen ist.

Jedenfalls ist es schwierig, jeden Tag in den Spiegel zu schauen und zu denken, »Potzblitz, da hat die Natur ja mal richtig einen rausgehauen!« An manchen Tagen kommen einem sogar Körperteile, die sich nie auch nur ansatzweise verdächtig gemacht haben, blöde und unattraktiv vor. Bevor du dann in Panik verfällst, weil du dich doch eigentlich rundum lieben solltest, sage ich dir, dass es schon okay ist, wenn du deine Zehen heute besonders knubbelig findest und meinst, dass dein Hals auch schon mal weniger lang aussah. Der Trick ist, an solchen Tagen eine besondere Sportlichkeit angesichts der (meist eingebildeten) Misere zu zeigen. Anstatt also in Grimm und Groll zu verfallen, mache ich es inzwischen so, dass ich den Tag zum »Knubbeligen-Zehen-Tag« mache. Der ganze Prozess findet nur intern statt, aber ich kann dir versichern, dass sich deine ganze Einstellung zu diesem merkwürdigen Gefühl mit dir selbst ändern wird. An Tagen wie diesen muss eine große Portion Leichtigkeit her, als hättest du eine ganze Wagenladung Heliumballons an dir festgebunden. Stell es dir bildlich vor: Wie knubbelig deine Zehen sind (oder was auch immer dir an dem Tag krummliegt), wie sie albern in den Socken stecken wie kleine Raupen, überhaupt, hat jemand schon mal so merkwürdige Zehen gesehen? Je wilder, desto besser. Das mache ich so lange, bis ich über meine eigene Albernheit lachen muss. Die Wahrheit ist natürlich, dass meine Zehen ganz normal sind und sich, von ein paar Fußfetischisten auf Instagram abgesehen, niemand wirklich dafür interessiert.

Genauso ist es übrigens mit allen anderen Körperteilen. Wenn du auch nur für ein paar Minuten die Gedanken anderer Menschen lesen könntest, dann wüsstest du, dass die wenigsten darüber nachdenken, ob deine Nase krumm ist oder deine Brust schmal. Die meisten kümmern sich wirklich ausschließlich um ihren eigenen Kram und all das, was du glaubst, das sie denken, ist nur eine Projektion der Gedanken, die du über dich selbst hast.

Die sozialen Medien muss ich davon ausnehmen, aber du weißt sicher selbst, dass dort ein paar gelangweilte Wegelagerer herumhängen, die ihre Energie aus der Verletzung anderer ziehen. Dass du bitte nichts ernst nehmen sollst, was dort geschrieben wird, zeigt dir, wie vorhin schon beschrieben, meist schon ein Blick auf das Profil der jeweiligen Person.

Falls du mir nicht glaubst, lass mich dir noch etwas sagen. Kein Mensch hat mich jemals positiv beeinflusst, weil er besonders schön war oder eine Figur hatte, die, an der Norm gemessen, perfekt war. Während das Äußere vielleicht ursächlich dafür sorgt, dass man die Person anschaut und schön findet, ist es nie der Grund, warum man sie gerne im eigenen Leben hat. Menschen beeinflussen dich positiv, weil sie loyal sind, dir die nötigen Wahrheiten an den Kopf werfen und geduldig mit dir sind. Ich kann dir garantieren, dass du am Ende deines Lebens nicht zurückblicken und sagen wirst: »Gott sei Dank habe ich sie getroffen, denn sie war wunderschön und superschlank.« Das wird nicht passieren. Und das wird auch anderen nicht passieren. Also mach dir nicht so viele Sorgen um Dinge, die am Ende nicht halb so wichtig sind, wie sie uns jetzt vorkommen.

Warte, zur Sicherheit probiere ich es noch mal. »Ich habe mein Leben endlich geändert, denn so wunderschönes braunes Haar wie sie hat niemand.« Nein. Funktioniert immer noch nicht.

Du bekommst nicht einen Krümel der Zeit zurück, die du damit verbringst, »normal« sein zu wollen. Weder innen noch außen. Also färb dir deine Haare blau, tanz bekloppt, liebe, wen und wann du willst, sag jedem Hund auf deinem Weg Hallo, schreib dem Typen nachts, auch wenn du es eigentlich nicht wolltest, iss Suppe zum Frühstück, sei einfach du! Das ist der beste Weg, um herauszufinden, wer du bist und was du brauchst. Nur eines musst du dir immer wieder sagen, bis du es echt kapiert hast: Du bist wirklich absolut und vollkommen in Ordnung.

⚡ Power-up-Ritual

Es ist normal, dass du erst in deinen Dreißigern deine Träume und Ziele neu entdeckst.

Es ist normal, dass du erst in deinen Vierzigern die große Liebe findest.

Es ist normal, dass du dich selbst und deinen ganzen Lebenszweck erst in deinen Fünfzigern erkennst.

Das Leben hört nicht mit Mitte Zwanzig auf und darum müssen wir aufhören, so zu tun, als wäre es so. Schreib dir auf, was du gerne noch erleben oder erfahren möchtest oder welche große Veränderung dir vorschwebt. Schreib daneben, warum du bisher daran gezweifelt hast, dass dein Traum wahr werden kann.

Du hast nichts zu verlieren, wenn du dir vorstellst, du wärst eine süße Wunderkugel ... sofern du mit ein paar unappetitlichen Überraschungen leben kannst

Ich weiß nicht, wie es dir geht, aber ich war ewig auf der Suche nach einem *quick fix*, einer superschnellen Lösung wie von Zauberhand. Egal, ob in der Liebe oder in der Ernährung, oft habe ich mir gewünscht, dass ich einfach mit dem Finger schnippen könnte und jedes Problem wäre weggewischt. Hätte es eine Pille dafür gegeben, hätte ich sie geschluckt, egal wie knallbunt oder stinkig. Ich nehme stark an, dass du diese Gedanken auch kennst. Eine Lösung wie diese wäre einfach zu schön, um wahr zu sein – und wie immer im Leben ist sie das auch. Echte Heilung, echte Selbstfürsorge ist nicht das Gleiche wie zur Massage gehen oder sich neue Klamotten zur Belohnung kaufen. Echte Selbstfürsorge ist eine Aneinanderreihung von knallharten Entscheidungen, die dir niemand anderes abnimmt. Die Entscheidung, disziplinierter zu sein, dich aus einer schlechten Beziehung zu lösen. Der Willen, dich mit aller Konsequenz um dich selbst zu kümmern.

Die Süßigkeit, von der ich in der Überschrift spreche, ist übrigens eine Wunderkugel. Ich weiß nicht, ob du mal das Vergnügen mit einer hattest. Eine Wunderkugel ist ein riesiger, steinharter Ball, der aus ganz vielen Schichten besteht und in der Mitte einen Kaugummi hat, das vermeintliche Highlight der ganzen Geschichte. Jedes Mal, wenn ich so eine Wunderkugel kaufen konnte (sie waren damals richtig teuer, eine Mark, glaube ich), war ich unglaublich stolz. Denn das Abenteuer war zwar jedes Mal das gleiche, aber doch irgendwie immer aufregend. Denn je mehr man lutschte, desto schneller wechselten sich die Schichten ab, mal rot, mal gelb, mal Pfefferminz, mal Kirschgeschmack. Das Ding war so riesig, dass es einem eine richtige Maulsperre verpasste, und man unglaublich sabberte – alles nur, um am Ende stolz den runden Kaugummi in der Mitte freizulutschen. Und das war wie im richtigen Leben zwar auf eine Art schon das Ziel – aber bei Weitem nicht das Beste an der ganzen Sache.

Stell dir also vor, du bist eine Wunderkugel. In der Existenz einer solchen Süßigkeit gibt es zwei Zeitabschnitte, erst wird sie hergestellt, dann wird sie gelutscht. Schauen wir uns also zunächst einmal an, wie sie entsteht: Am Anfang ist da nur der Kern, also der Kaugummi. Der ist an sich absolut makellos, schön rund und rot glänzend. Nun kommt ab Tag eins all das dazu, was deine Erlebniswelt ausmacht. Gefühle, Erfahrungen, Erinnerungen. All diese Dinge legen jeweils eine neue Schicht um deinen Kaugummi. Wenn du nur schöne Erfahrungen hast, dann kannst du den Ball irgendwann ganz gemütlich ablutschen, ohne dass etwas Übel-schmeckendes zum Vorschein kommt, und die Wunderku-gel wird dir keine Schwierigkeiten verursachen, weil sie genau in deinen Mund passt. Die schlechten Dinge bilden aber dickere Schichten und darum kann es sein, dass dir das eh schon große Gerät bald richtige Atembeschwerden verur-sacht und dein Gaumen rot und aufgeraut wird. Es ist also klar, dass du die Schichten irgendwie abtragen musst, damit du nicht erstickst. Dafür brauchst du Hilfe. Denn einige die-ser Schichten sind richtig übelschmeckend. Diese Schichten musst du besonders gründlich entfernen, damit sie die wohl-schmeckende Schicht, die danach wieder zum Vorschein kommt, nicht geschmacklich versauen.

Wenn du dir deinen Prozess so bildlich vorstellst, fällt es dir sicher leichter, die schmerzhaften Phasen auszuhalten. Du lutscht gerade an einer Stelle, die zu bearbeiten absolut not-wendig ist, denn danach kannst du die Süße umso herrlicher schmecken!

Ein paar dieser Schichten sind besonders eklig. Zwei davon heißen Schuld und Scham. Es ist nicht selten, dass diese Gefühle aufploppen und du plötzlich gar nicht genau weißt, woher sie eigentlich kommen. Die beiden fühlen sich ähn-lich an und sind doch ziemlich unterschiedlich, wie ein Geschwisterpaar, bei dem der eine immer betrunken Auto fährt, während der andere halb besoffen versucht, den Wagen wenigstens in der Spur zu halten.

Schuld beschreibt etwas, das du *getan* hast. Die Scham hingegen bezieht sich auf das *Ich* und wer und was du *bist*.

Schuldgefühl ist die Erkenntnis, etwas falsch gemacht zu haben, also als Konsequenz einer (auch eingebildeten) Handlung. Scham hingegen schöpft ihre Kraft aus der Erkenntnis, dass wir selbst und andere einander in einer bestimmten Weise wahrnehmen: Scham kann auch entstehen, ohne dass wir etwas getan haben, zum Beispiel, indem ein Elternteil oder auch ein Fremder uns auf eine bestimmte Weise ansieht und uns scheinbar zu verstehen gibt, dass wir so nicht richtig oder gut sind.

Um den Unterschied vielleicht noch etwas deutlicher zu machen, erzähle ich dir ein Beispiel, das zum Glück vor vielen Jahren stattgefunden hat. Es gab mal eine Zeit, als ich noch weit davon entfernt war, meine dicke Wunderkugel herunterzulutschen, also noch nicht wusste, dass der Heilungsprozess unausweichlich war. Ich konnte nur spüren, dass so ziemlich alles an meinem Leben unbequem und blöd war und sich nichts gut anfühlte. Auf einer Party machte ich eine hässliche Bemerkung über den Beziehungsstatus einer Freundin und auf einem bestimmten Level wollte ich sogar, dass es ihr wehtat, weil ich mich dann überlegen fühlen konnte – etwas, das ich als Lebensgefühl nicht oft erlebte. Danach fühlte ich mich sehr schuldig, weil ich sehen konnte, dass ich meine Freundin wirklich verletzt hatte. Noch schmerzhafter war aber das Gefühl der Scham, das ich fühlte, weil ich eine Person war, die andere so verletzen konnte. Die Schuld war das Resultat meiner boshaften Aussage, die Scham das, was ich mir selbst gegenüber verspürte.

Ob du dich schuldig fühlst oder dich schämst, hat anders als in dem obigen Beispiel nicht immer etwas mit den tatsächlichen Realitäten zu tun. In Situationen, für die man nichts kann, zum Beispiel Missbrauch, empfinden Überlebende häufig für den Rest ihres Lebens Scham, obwohl das Geschehene nichts mit ihnen persönlich zu tun hat und sie nichts von dem verdient haben, was ihnen angetan wurde. Andere wiederum entwickeln in der gleichen Situation ein Schuldgefühl. Wären sie nur nicht an diesen Ort gegangen, hätten sie bloß auf die Mutter gehört etc. Erstaunlich ist, dass beide Gefühle unterschiedliche Wirkungen auf die Lebensgestaltung der jeweiligen Menschen haben. Studien haben herausgefunden, dass Menschen mit starken Schamgefühlen signifikant häufiger eine Form der Abhängigkeit (in Beziehungen ebenso wie von Substanzen) entwickeln, während die Schuldgetriebenen verstärkt daran interessiert sind, die Umstände zu reparieren und zu vermeiden, wieder in eine ähnliche Situation zu geraten. Letzteres äußert sich auch in einer minimierten Bereitschaft, Risiken einzugehen. Da Schuld und Scham zwei Gefühle sind, über die nicht häufig offen diskutiert wird, möchte ich dich dazu einladen, dem Geschmack dieser Schichten deiner Wunderkugel ganz genau nachzuspüren. Das Wissen darüber wird dir helfen, das darunterliegende Problem schneller ans Licht zu bringen.

Ich finde es extrem nützlich, sich über die bitteren, sauren und sonst wie ekligen Schichten seiner persönlichen Wunderkugel besonders intensiv Gedanken zu machen. Niemand gibt gerne zu, schlechte Seiten oder gar Laster zu haben, dabei ist jeder davon betroffen. Ich selbst bin nicht getauft, aber wenn ich an die sieben Todsünden des Christentums denke, wegen derer man garantiert in die Hölle kommt, dann sieht es für mich nicht allzu rosig aus. Weißt du noch, welche Charaktereigenschaften das sind?

1. **Hochmut**. Der Hochmut wird auch Stolz, Eitelkeit, Übermut oder lateinisch *Superbia* genannt.

2. **Geiz**. Auch Habgier oder *Avaritia*.

3. **Wollust** – unser aller Lieblingssünde. Ist auch gleichbedeutend mit der Genusssucht, dem Begehren. Auf lateinisch *Luxuria*.

4. **Zorn**. Egal ob Jähzorn, Wut oder Rachsucht, *Ira* ist eine üble Sache.

5. **Völlerei** oder **Maßlosigkeit**, aber auch Selbstsucht, *Gula* genannt.

6. **Neid**. Die Eifersucht und Missgunst. Auf Lateinisch *Invidia*.

7. **Faulheit**, aber auch Feigheit oder Ignoranz. Diese Trägheit des Herzens heißt lateinisch *Acedia*.

Ich liebe die Todsünden, das weißt du sicher aus *Finde dich gut, sonst findet dich keiner*. Allgemein täte man gut daran, sich tatsächlich von diesem giftigen Siebengestirn fernzuhalten, aber die Menschheit ist eben, wie sie ist. Eine dieser Sünden hat im persönlichen Lernprozess besondere Betrachtung verdient, und das ist Nummer sechs, der Neid. Von allen Sünden ist er sicher die unangenehmste, weil er nicht den Hauch einer positiven Begleiterscheinung hat, anders als zum Beispiel die Faulheit, die Völlerei oder natürlich die Wollust. Es fällt den Leuten sehr leicht zuzugeben, dass sie hemmungslos herumgevögelt haben, aber niemand möchte zugeben, dass Eifersucht, Missgunst und Neid im Spiel sind. Es gibt allerdings kleine Unterschiede, die dafür sorgen, dass es leichtfällt, Gefühle des Neids als bloße Verirrungen abzutun, anstatt das Gefühl dahinter ordentlich aufzudecken. Eine Variante wäre zum Beispiel, halb im Scherz zu sagen, dass man neidisch auf einen schönen Mantel oder ein neues Fahrzeug des anderen ist. Der Gedanke dahinter ist für alle nachzuvollziehen, denn wer hätte nicht gerne einen ebenso schönen Mantel? Sozial akzeptabel ist es auch zu sagen, dass man das Auto des anderen erstrebenswert findet, denn es ist besser als der alte Schrotthaufen, den man selbst fährt – und mit einem schönen Wagen ist auch ein gewisser sozialer Status verknüpft.

Gesellschaftlich akzeptabel ist Neid also nur in der Halbironie, die darauf deuten lässt, dass der Neider bald ebenfalls das gleiche Niveau erreichen wird. Nicht akzeptabel und darum auch nie diskutiert ist der Neid des Nichtmateriellen. Kein Mensch würde sich trauen, die Bewunderung für einen anderen Menschen so zu formulieren: »Ich bin neidisch darauf, dass du viel schöner bist als ich« oder »Ich bin eifersüchtig, dass du dich verliebt hast und ich immer noch

Single bin«. Das Problem ist hier, dass niemand es wagt, diese negativen (sündhaften) Gefühle auszusprechen. Außerdem versucht der Neider fast immer, das Beneidete kaputt zu machen oder wenigstens so zu verändern, dass es nicht mehr beneidenswert ist.

Eine andere Bewältigungsstrategie für Neidgefühle ist die Verschmelzung mit dem Objekt der Begierde. Man kennt das von Menschen, die plötzlich beginnen, sich ähnlich zu kleiden, zum gleichen Frisör gehen und plötzlich auch Veganer sind – einfach, um dem Beneideten so ähnlich wie möglich zu sein. Die Idealisierung einer Person sorgt dafür, dass der Neider sich noch weiter von sich selbst entfernt. Somit spielt Neid oder vielmehr das Verdrängen oder Leugnen dieses Gefühls eine nicht zu unterschätzende Rolle bei der Entstehung von Geisteskrankheiten. Das ist zumindest meine Meinung.

Ich glaube, dass Neid als Gefühlsregung, als »Todsünde« immerhin, unbedingt aus den Schatten an die Front muss, damit das Sonnenlicht draufscheinen kann. Selbst mit einer Vergangenheit, die nicht gerade mit Gold bestäubt war, ist es möglich, Gefühle und Gedanken des Neids (dessen unglückliche kleine Schwester der Vergleich ist) in gesellschaftlich erträgliche Gedanken der zarten Eifersucht zu verwandeln. So kann man dafür sorgen, dass die Scham über sich selbst (»Wer bin ich nur, dass ich so etwas denke?«) nicht übermächtig wird. Sobald ein Gefühl – selbst ein so negatives wie eine »Todsünde« – anerkannt oder ausgesprochen wird, ist man in der Lage, auch das Gefühl dahinter zu erkennen. Stell dir das vor wie einen Hund in einem dunklen Schuppen. Du siehst ihn nicht, sondern hörst ihn nur grollen und bellen und an seiner Kette zerren. Je länger du hinhörst, desto sicherer bist du, dass es sich mindestens um einen Werwolf handeln muss, der dich jeden Moment in Stücke reißen wird. Dann aber öffnest du das Tor, sodass das Tageslicht hereinfällt. Hinter dem Tor steht kein Werwolf. Sondern ein winzig kleiner Hund, der einfach nur deine Aufmerksamkeit will.

Jede deiner schlechten Eigenschaften steht für ein ungestilltes Bedürfnis in dir. Wenn du das einmal verinnerlicht hast, kannst du an deiner Wunderkugel ziemlich gefahrlos herumlutschen, denn selbst die eklig schmeckenden Schichten können dir keine Angst mehr machen.

Erinnerst du dich noch an die Geschichte mit meiner Freundin auf der Party? Ich hatte damals einen neuen Freund und spürte schon leichtes Unwohlsein, weil ich ahnte, dass wir eigentlich nicht zusammenpassten. Sie hatte schon einige Zeit keinen Partner und so stellte ich ihr auf der Party einen Mann vor. Als sie ihn abwies, fragte ich laut und deutlich: »Wie lange bist du noch mal Single?« Da ich kein Single war, waren meine Worte umso verletzender: Sie sagten, dass ich ihr überlegen war und da ich es wie einen Scherz betonte, lachten ein paar Leute, an deren Gelächter mir in Wahrheit nichts lag. Ich schämte mich schrecklich, weil ich eine bösartige Kuh war und fühlte mich schuldig, weil ich sie zum Weinen gebracht hatte. Im Rückblick kann ich erkennen, dass ich neidisch auf ihre Leichtigkeit war, mit der sie ihr Leben gestaltete – als Single. Ich war damals in einem Zustand, in dem ich fest davon überzeugt war, nur als Teil eines Pärchens einen Wert zu haben, was wiederum ein Zustand war, den nur ich ändern konnte und niemand sonst. Darum ist es so wichtig, als Mensch zu wachsen.

Wenn ich heute Kommentare in den sozialen Medien lese, erkenne ich ein ähnliches Phänomen. Gerade in Deutschland wird jeder, der versucht ein bisschen höher zu fliegen als die anderen, mit schweren Geschossen heruntergeholt. Wann immer einem erfolgreichen Menschen etwas geschieht, gibt es Dutzende, wenn nicht Hunderte, die schreiben, der- oder diejenige hätte es »nicht anders verdient« oder die Person »soll aufhören herumzuheulen«. Leider zieht sich dieses Verhalten bis in scheinbar gute Freundeskreise. »Hast du schon X gesehen? Die denkt doch auch, sie wäre etwas Besseres« – wer so etwas in der Art sagt oder einen leisen Thrill verspürt, wenn anderen etwas Schlechtes widerfährt, der darf an seiner Wunderkugel ruhig ein bisschen fester lutschen.

Wenn du solche Gedanken bei dir selbst beobachtest, dann setze dich mal zu einem ehrlichen Gespräch mit dir selbst hin. Welches Erlebnis, welcher Schmerz in dir ist noch nicht geheilt worden und möchte jetzt unbedingt drankommen? Eines kann ich dir versprechen: Die nächste Schicht wird wieder süß!

....

🔊 **SAG'S DIR LAUT:** Sei dankbar für das, was du hast, denn dann wirst du immer mehr davon bekommen. Wenn du dich auf das konzentrierst, was du nicht hast, dann wirst du davon garantiert nie genug haben.

....

Bonusfrage: Was, wenn es trotzdem ungerecht ist?

»Liebe Paula,
ich habe einen großen Bruder, auf den ich wirklich eifersüchtig bin. Ich meine, ich würde das nie laut aussprechen, aber irgendwie bekommt er alles und ich muss mir alles selbst erarbeiten. Das ist wahnsinnig ungerecht und es trübt mein Verhältnis zu ihm. Eigentlich mag ich ihn sehr gerne, aber das ist mir langsam zu doof. Was soll ich machen?
  Liebe Grüße
  Tina«

»Liebe Tina,
ich verstehe absolut, dass dir das Ganze ungerecht vorkommt. Vermutlich musste er seinen Führerschein nicht selbst bezahlen, während du jeden Nachmittag nach

der Schule dafür im Supermarkt geackert hast. Und vielleicht hat er während des Studiums eine Wohnung finanziert bekommen, während du in einem mickrigen WG-Zimmer gehaust hast. Egal, was es war, das kann einen schon wütend machen. Die Sache ist die: Eltern müssen nicht gerecht sein. Sie können dem einen ganz viel geben und dem anderen nichts, nirgendwo steht im Elternhandbuch geschrieben, dass man fair sein muss. Ob das richtig ist? Ich finde nicht. Wenn man Kinder hat, gibt man allen die gleichen Chancen. Aber! Erstens hat es Vorteile für dich in deinem weiteren Leben, so behandelt zu werden, denn du weißt, dass du alles erreichen kannst, wenn du dich anstrengst. Das ist eine Chance, die Prinz Puder nicht hat, denn er bekommt alles in den Popo geschoben und erlernt so keine eigene Lebenskraft. Zweitens kann es sein, dass er wiederum auf dich neidisch ist, weil du eine solche Power hast, während er immer nur die Hand aufhält – was ihm vielleicht bequem vorkommt, ihn aber gleichzeitig auch beschämt. Das Wichtigste ist aber, dass du das Thema meiner Meinung nach unbedingt ansprechen solltest. Die Motive deiner Eltern können vielfältig sein und vielleicht hast du an keines davon gedacht. Möglicherweise hast du immer so einen selbstständigen Eindruck gemacht, dass sie gar nicht auf die Idee kamen, dir etwas mehr anzubieten als das Nötigste. Vielleicht finden sie unbewusst, dass du lieber noch eine Weile bei ihnen bleiben sollst und wollen es dir da draußen deshalb so unbequem wie möglich machen. Vielleicht sind

sie auch einfach gemeine Menschen. Egal, was es ist,
es wird dir guttun, deine Gefühle laut auszusprechen.
Ich meine, was soll dir passieren? Du bist zum Glück
vollkommen unabhängig – übrigens ganz anders als
dein armer Bruder.
   Alles Liebe
   Paula«

Du hast nichts zu verlieren, wenn du deine Bedürfnisse vor die der anderen stellst. Und endlich lernst, NEIN zu sagen

Erstaunlich viele Menschen leben ihr Leben, als wären sie die Angestellten ihrer Partner oder Familienmitglieder. Sie erledigen alles, was ein guter Assistent so erledigen würde. Partyplanung, emotionaler Support, die anderen stärken und bestätigen, kochen und putzen, einkaufen. Nur geschieht das Ganze ohne Bezahlung und meist auch ohne irgendeine Art psycho-emotionaler Kompensation. Warum auch? Wenn sich jemand so klaglos anbietet, dann ist die Person doch selber schuld, wenn sie alles erledigt! Immerhin beklagt sie sich ja nicht!

Nein sagen fällt vielen Menschen wahnsinnig schwer, und zwar unabhängig davon, ob sie dem Fragesteller persönlich nahestehen oder nicht. Ich meine das jetzt nicht sexuell, dazu kommen wir später noch. Es geht um die Dinge, die

einen im Alltag derart verstopfen, dass man nicht eine Sekunde Zeit hat, sich mit sich selbst auseinanderzusetzen.

Auf eine Art mag das ganz verlockend klingen. Wer immer
auf dem Sprung ist, um jedem anderen zur Hand zu gehen,
der hat keine Zeit, sich alleine zu fühlen oder einsam oder
gescheitert. Zumindest in der Theorie. In der Praxis fühlt
man sich natürlich trotzdem schlecht, sobald das ganze Gemurmel um einen herum abends im Bett unweigerlich ver-
stummt.

Früher war ich auf jeder Party. Ich meine wirklich auf jeder.
Und ich war nicht nur *auf* der Party, ich *war* die Party. Im
Mittelpunkt stehen und erfundene Geschichten erzählen?
Kein Problem! Vollkommen besoffen auf Zettel Nachrichten an meine Mitbewohnerin schreiben? Klar! Eine Zeit lang
war ich so überdreht, dass ich angefangen habe zu schlafwan-
deln. Einmal habe ich nach einer Musicalpremiere (*Black
and Blue*, nie wieder davon gehört) bei einer Freundin über-
nachtet und wachte am nächsten Morgen in den Sportkla-
motten ihres Ehemannes auf. Ich erinnere mich nicht mal,
aufs Klo gegangen zu sein, was ich auch nicht war. Stattdessen hatte ich in die Ecke meines Gästezimmers in den Müll-
eimer gepinkelt, war in sein Arbeitszimmer gegangen, hatte
seine Sporttasche ausgeräumt, mich umgezogen und dann
meine Matratze in die vollkommen andere Ecke des Zim-
mers gezogen. Anschließend ging ich in die Küche, suchte
aus dem Vorratsraum die Gießkanne, goss damit großzügig

mit mindestens drei Füllungen den Küchentisch und die danebenstehende Topfpflanze, um mich dann wieder hinzulegen. So zumindest der rekonstruierte Tathergang.

Ich kann mit Freude behaupten, dass ich mich inzwischen nur noch in dafür vorgesehene Behälter entleere und auch sonst in meinem Bett bleibe. Das liegt vor allem daran, dass ich die Bedeutung des Wortes *Nein* begriffen und verinnerlicht habe. Die Praxis, auf jede Party zu rennen, war hauptsächlich eine Flucht vor mir selbst. Denn, wie Douglas Adams schon in *Per Anhalter durch die Galaxis* geschrieben hat: »Die Menschen bewegen fortwährend ihren Mund, weil sie Angst haben, dass sonst ihr Gehirn anspringt.«

Nicht jeder rennt auf Partys vor seinen echten Bedürfnissen weg. Manche suchen andere Wege: Wie der kleine Hase in Janoschs *Das Leben der Thiere* (ja, mit h), der immer allen hilft, bis die anderen Hasen ihn lächerlich und albern finden und ihn mit Hilfe des wilden Hundes scherzhaft zu ihrem König machen. In der Geschichte kapieren die Hasen am Ende die innere Größe des kleinen Hasen, im echten Leben aber werden manche Menschen als selbstverständlich hingenommen wie lieb gewonnenes Betriebseigentum. Das ist ein Leichtes, da die Betroffenen ihren Selbstwert aus der Dankbarkeit der anderen ziehen. Solche Menschen helfen praktisch zu jeder Tages- und Nachtzeit beim Umzug, beim Babysitten oder der Doktorarbeit und ihre Hilfe wird dankbar angenommen. Weil solche Leute meist sehr weit entfernt von sich selbst sind, ist es wahnsinnig schwer, von außen Grenzen zu ziehen und zu sagen, dass man das Angebot diesmal nicht annimmt. Schließlich ist es überaus angenehm, Unterstützung zu bekommen. Andere haben Freunde, die bestimmen, wo und wann das Leben stattfindet, oder Partner, die mit ihnen verfahren wie mit Figuren auf einem Spielfeld. All diese Strategien, egal ob leise oder laut, haben einen Zweck: Die Seele von den echten Bedürfnissen abzulenken. Und wer keinen Bezug zu diesen wirklichen Notwendigkeiten hat, der kann auch nicht *Nein* sagen.

Das Wort *Nein* hat in unserer Gesellschaft einen unheimlich schlechten Ruf. Es steht für Menschen, die Miesepeter sind, grundsätzlich negativ und unsozial. Dafür, dass sich jemand nicht gesellschaftsgünstig verhält, sondern in Wahrheit ein richtig blöder Egomane ist. Unter anderem.

In Wahrheit ist das Wort *Nein* eines der wichtigsten Wörter unseres gesamten Sprachschatzes. Wer *Nein* sagt, hat ein Gefühl für die eigenen Grenzen. Und die eigenen Grenzen zu wahren, zeugt von unglaublicher Stärke. Darum finde ich es besonders furchtbar, wenn Erwachsene ein entschiedenes *Nein* eines Kindes in wichtigen Situationen nicht respektieren und kleinreden. Die Wichtigkeit des Neinsagens muss nämlich von Kindesbeinen an gelehrt und erlernt werden, meine ich.

Da das Wort nun mal einen miesen Leumund hat, wird es vor allem jungen Mädchen abtrainiert. Sei dankbar, tu dies, tu das, es ist ein wirklich ätzender Run einmal quer durch das Patriarchat. In der Folge wird die selbstlose Dienstleistung ein überaus anerkanntes Mittel des Selbstausdruckes, der schlussendlich in die absolute Erschöpfung führt.

Ich weiß nicht, ob du den Begriff »emotionaler Burn-out« schon mal gehört hast. Im Grunde ist jeder Burn-out emotional, aber dieser hat seine Wurzel vor allem in der Tatsache, dass die Person absolut und mit Schmackes an den eigenen Bedürfnissen vorbeilebt. Bei einem emotionalen Burn-out kann es sogar sein, dass dein Job dich nicht übermäßig belastet und du Freude hast, ihn auszuüben. Manchmal kommt auch beides zusammen und du fühlst dich in allen Bereichen deines Lebens absolut erschöpft, ausgelaugt und überfordert.

Falls du solche Tage häufiger erlebst und du dich manchmal fühlst, als hättest du Eisenkugeln an den Füßen, dann kann es sein, dass du deine eigenen Bedürfnisse vollkommen aus den Augen verloren hast und eher damit beschäftigt bist, anderen Menschen als Servierkraft zu dienen. Vielleicht legst du dann ein paar Traurige-Mädchen-Tage ein (lange im Bett bleiben, heiß duschen, Wärmflasche, ein paar Kerzen und sentimentale Musik). Sie helfen, wenn du ausgebrannt bist. Solange du später wieder in den Bad-Bitch-Modus kommst (massenweise Produktivität, scharfe Outfits, laute Musik).

Das aber geht nur, wenn du auf *deine* Bedürfnisse achtest. Und *deinen* inneren Raum schützt. Kurzum: Nur wenn du ein Gespür dafür entwickelst, was genau du brauchst, kannst du auch in echte Balance kommen. Und die beste Version deiner selbst werden.

Auf das Bauchgefühl zu hören, ist dein allerwichtigstes Werkzeug, um aus einem Ungleichgewicht wie einem emotionalen Burn-out oder der Kompensation an sich herauszukommen. Wir haben uns ja vorne schon mal mit dem Thema auseinandergesetzt, aber ich möchte die gute alte Intuition noch mal ins Rampenlicht holen, weil sie in unser aller Leben die Hauptdarstellerin ist. Oder zumindest sein sollte.

Du erinnerst dich noch an meine Schlafwandlerei? Im Nachhinein bin ich sicher, dass mein Hobby, nachts Wohnungen umzuräumen (ich habe noch eine Menge anderer schräger Wanderungen unternommen) ein Hilfeschrei meines inneren Kompasses war, der aus dem Gleichgewicht geraten war. Ich brauchte Ruhe und gönnte sie mir nicht. Ich sollte hinsehen und hielt mir stattdessen die Augen zu. Irgendwann, nachdem ich einmal halb nackt auf der Straße aufgewacht war, wurde sogar mir klar, dass es so nicht weitergehen konnte. Und dann, nach einer Weile des Panikschiebens und des Ausredensuchens, tat ich das, wovor ich am allermeisten Angst hatte. Und hielt einfach mal meine Klappe.

Wenn du lernst, dich selber und die Einsamkeit um dich herum auszuhalten und sie als das Geschenk zu verstehen, das sie ist, passieren ein paar erstaunliche Dinge. Erstens ergibt sich eine astreine Möglichkeit, dich selber kennenzulernen. Du spürst auf einmal, wie wahnsinnig stark du bist und dass niemand, wirklich niemand außer dir selbst dafür verantwortlich sein darf, ob du glücklich bist oder nicht. Und dann irgendwann, wenn die Einsamkeit nicht mehr an deinem Selbstverständnis nagt, merkst du, dass du plötzlich in der Lage bist, eine buntere, lebendigere, kostbarere und vor allem authentische Version deiner selbst zu sein.

Was ich daraus gelernt habe? Ich darf **Nein** sagen zu der Partyeinladung, wenn mir nicht wirklich danach ist, und es schmälert nicht meinen Wert. Ich darf **Nein** sagen zu einem Auftrag und bin nicht weniger kompetent. Ich darf **Nein** sagen zu einer Verwandten, die nur negativ ist, und bin trotzdem ein guter Mensch. Ich muss mich niemandem beweisen. Und das musst du auch nicht.

Ein Nein ist immer besser, als ein halbherziges Ja. Besser, als allen das Gefühl zu vermitteln, dass du eigentlich lieber woanders wärst, ist es immer, klar zu sein. Wenn du dann merkst, dass du doch an etwas teilhaben möchtest, kannst du immer noch Ja sagen. Und es dann aber auch wirklich meinen.

🍸 Date mit DIR: Komm dir schreibend auf die Schliche

Bei allem, was man lernen möchte, geht es darum, zu üben, üben und nochmals zu üben, um dann über das Geübte tüchtig nachzudenken. Denn der Mensch lernt nicht nur durch bloße Wiederholung, sondern vor allem durch Reflexion. Darum sind Hausaufgaben so wichtig, auch wenn sie nervig sind. Im Grunde ist ein Tagebuch schreiben nichts anderes: Wenn du es geschickt anstellst, schreibst du deine Gedanken nieder (Wiederholung) und lernst daraus (Reflexion). Eine schöne Übung ist es, sich Ereignisse ins Gedächtnis zu rufen, an denen du teilgenommen hast, obwohl du keine Lust dazu hattest. Wie gesagt, alles Sexuelle lassen wir zunächst außen vor. Egal, ob du nicht beim Umzug helfen wolltest und trotzdem einen Kühlschrank bis in den fünften Stock geschleppt hast oder ob du den neuen Freund deiner Freundin für einen Trottel hältst und dennoch mit ihnen in Urlaub gefahren bist. Schreib dir auf, welche Sache du getan hast. Dann schreib daneben, welche Befürchtung dahinterstand (ich werde nicht geliebt, wenn ich nicht etc.). Und zum Schluss schreibst du, was du stattdessen lieber getan hättest. Das ist nicht nur erhellend, sondern macht auch Spaß! Ich zum Beispiel bin häufig wahnsinnig erleichtert, wenn eine Verabredung kurzfristig abgesagt wird und ich stattdessen zu Hause herumhängen kann. Nicht, weil ich die Person nicht mag. Sondern weil es so schön ist, absolut selbst bestimmen zu können, was man tut.

Bonusfrage: Und wenn mir der Mut fehlt, ehrlich zu sein?

»Liebe Paula,
ich traue mich nicht, meinen Freundinnen zu sagen, dass
ich manchmal keine Lust habe, mit ihnen jeden Samstag
zu verbringen. Ich mag sie sehr gerne, aber es gibt Tage,
da will ich einfach etwas anderes machen. Nur habe ich
die Sorge, dass sie es in den vollkommen falschen Hals
kriegen, wenn ich etwas sage. Also schleppe ich mich zu
den Treffen und maule herum. Das ist doch doof.
  Liebe Grüße
  Melli«

»Liebe Melli,
das ist in der Tat doof. Vor allem, weil es so wichtig ist,
dass du deine Lebenszeit genauso verbringst, wie du
möchtest. Nein zu Freunden sagen ist deshalb so schwer,
weil man jemanden, den man liebt und mit dem man
viel Spaß hat, nicht gerne vor den Kopf stößt. Es gibt
aber eine Kunstform des Neinsagens, die das Beste aus
beiden Welten vereint – dein inneres Bedürfnis und die
Erwartungshaltung deiner Freundinnen. Nehmen wir an,
ihr seid zu einem Restaurantbesuch verabredet und du
weißt aber, dass du genau an diesem Abend lieber in der
Wanne liegen oder mit jemand anderem Zeit verbringen
willst. Das kommunizierst du deinen Freundinnen genauso, keine Notlügen oder Ausreden! Dann aber, und
hier kommt die Kunst ins Spiel, erkennst du an, dass sie

mit dir einen lustigen Abend verbringen wollten, indem du ein Zeichen der Anerkennung schickst. Wenn du gerade richtig viel Geld zur Verfügung hast, könntest du sogar in dem Restaurant anrufen und darum bitten, deinen Freundinnen zu einem bestimmten Zeitpunkt einen Drink zu servieren. Du kannst auch allen eine Whatsapp schicken und ihnen sagen, dass du ihnen einen tollen Abend wünschst. Eine Geste ist deshalb so etwas Schönes, weil du es nicht nur normalisierst, deinen eigenen Bedürfnissen nachzugehen, sondern auch noch liebevolle Zuwendung an die Menschen schickst, die dir wichtig sind. Und das fühlt sich richtig gut an.

Alles Liebe

Paula«

Dein Proviant

Vielleicht hast du dich schon gefragt, was du auf diesem langen Marsch überhaupt essen sollst, auf dem du dich selbst entdeckst. Keine Sorge! Hier kommt deine Verpflegung, das kleine *Je ne sais quoi*, das dein Leben auf Wanderschaft erst richtig appetitlich macht: Alles über Liebe, Partnerschaft und Dating!

Wenn du schon mal richtig lange gewandert bist oder ein episches Sportereignis hinter dich gebracht hast, dann weißt du, wie unglaublich köstlich selbst der mickrigste Snack schmecken kann. In meiner Jugend bin in den großen Ferien immer durch Frankreich gerudert. Jeder von uns hatte 300 Mark sowie das Gepäck im Boot und die Tage waren wunderschön lang. Wenn wir abends irgendwo unsere Zelte aufschlugen, meist an irgendeiner wilden Bucht entlang der Loire, dann hatten wir Hunger wie die Wikinger. Hättest du mich damals gefragt, was das köstlichste Essen auf der ganzen Welt ist, hätte ich ohne zu zögern Baguette und Salami genannt, denn davon haben wir uns hauptsächlich ernährt. *Saucisson sec* löst auch heute noch schwärmerische Erinnerungen an Lagerfeuer und feuchte Klamotten in mir aus, aber damals gab es in meinen Augen wirklich nichts Besseres, um den Hunger zu stillen und dieses tiefe Gefühl der inneren Zufriedenheit auszulösen.

So ähnlich ist es im Leben auch mit Beziehungen. Wenn du eines Tages die Liste deiner Partner oder Schwärmereien rückwärts durchgehst, wird dir hoffentlich auffallen, dass du dich von Salami und trockenem Brot zu einem Drei-Gänge-Menü hochgearbeitet hast. Und dann irgendwann wirst du verwundert feststellen, wie leicht die Kaugeräusche eines anderen Menschen Mordgelüste in dir auslösen können. Aber dazu später mehr. Das mit den Mordgelüsten ist natürlich nur ein Scherz. Oder doch nicht?

**Du hast nichts zu verlieren,
wenn du verstehst, dass nicht die anderen
für deine Minderwertigkeitsgefühle
zuständig sind, sondern du selbst**

Beziehungen sind eine feine Sache. Aber nicht, weil es gesellschaftlich immer noch anerkannter ist, Teil eines Paares zu sein oder weil die Miete dann günstiger wird. Sondern weil du ständig gespiegelt bekommst, was du sehen musst. Natürlich ist nicht gesagt, dass du in den Spiegel, der vor dir herumtanzt, auch hineinschaust, aber für mich ist diese Möglichkeit tatsächlich der Hauptpunkt, Beziehungen einzugehen: Sie bieten uns einen (meist) sicheren Raum zum Wachstum. In Beziehungen, die richtig erfolgreich sind – also nicht die Art, wo zwei Menschen zusammenbleiben, weil sich eine Trennung jetzt auch nicht mehr lohnt oder weil »man das nicht macht« – geben sich zwei Menschen den Raum und den Halt, gemeinsam größer und besser zu werden, als sie vorher waren. Das bedeutet nicht, dass ständig alles Friede, Freude, Eierkuchen ist. Die meisten Langzeitpaare, die ich kenne, gehen sich zwischendrin so richtig auf den Senkel. Und das ist völlig okay so.

Es gibt einen interessanten Unterschied zwischen Frischverliebten und Langzeitpartnern, der sich vor allem darin äußert, wie bissig der eigene Raum verteidigt wird, was übrigens der Grund ist, warum getrennte Schlafzimmer eine echte Erleichterung sein können, um die Liebe lange knusprig zu halten.

Frischverliebte	Langzeitpartner
»Wie niedlich er vor sich hin schnorchelt.«	»Wenn er noch einmal ausatmet, stopfe ich ihm ein Kissen in die Gurgel.«
»Wie putzig er die Hühnerknochen nur so halb abnagt, richtig elegant.«	»Da ist noch ein halbes Huhn dran, Stefan! Dieses Tier ist für dich GESTORBEN, Stefan!«

»Wie süß du aussiehst, wenn du gähnst, mein kleiner Bär!«	»Sag deinen Mandeln einen schönen Gruß von mir. Und geh endlich mal wieder zur Zahnreinigung!«
»Ich liebe es einfach, Löffelchen mit dir zu schlafen.«	»Dein Knie ist auf meiner Hälfte, geht's noch?«
»Jeder räumt sein Geschirr selber in die Spülmaschine.«	»... aber nicht so.«

Entgegen allgemeiner Überzeugung kann man einen Menschen partiell richtig kacke finden und ihn trotzdem lieben. Ich halte es sogar für ein Zeichen geistiger Gesundheit, wenn man den anderen mit klarem Blick sieht und nicht alles romantisch verklärt, was er tut. Menschen haben miese Eigenschaften, get over it.

Viele der Frauen, die zu mir in den Podcast kommen oder mir über die sozialen Medien schreiben, leben in Beziehungen, in denen sie anderen scheinbar die Macht darüber geben, wie sie sich fühlen dürfen. Ich schreibe scheinbar, weil Sätze wie »Nie werde ich gewürdigt« oder »Egal, was ich tue, ich bin offenbar nie genug« nur *scheinbar* die Meinung des Partners widerspiegeln. Häufig ist dem Beschuldigten gar nicht klar, was ihm vorgeworfen wird. In der Realität ist das Gefühl des Unzureichendseins eine bloße Reflexion der eigenen Komplexe. Nehmen wir an, du bist rothaarig und dessen ganz, ganz sicher, weil dein Haar wirklich aussieht wie schön oxidiertes Eisen. Tief in dir drin *weißt* du einfach, dass du rothaarig bist, das Wissen darüber ist bis ins Fundament in dir verankert. Nun kommt einer und sagt dir, dass du nicht rothaarig bist, sondern ganz klar blond. Wirst du demjenigen Glauben schenken? Oder wirst du bei deiner Wahrheit (»Ich bin rothaarig«) bleiben? Meine Vermutung ist, dass du die Behauptung des anderen abtun wirst, weil er ein Spinner ist und du ganz sicher weißt, welche Haarfarbe du hast. Was aber, wenn du rotblond wärst? Die andere Person *könnte* recht haben, weil dein Haar je nach Lichteinfall mal blond, mal rot erscheint.

Und was wäre in diesem Fall: Du weißt, dass du rothaarig bist – und bist das sehr gerne –, hast aber eine dunkle Ahnung, dass du blond sein könntest? Wenn jetzt jemand käme, der dir sagen würde, dass du tatsächlich blond bist – was würdest du tun? Vermutlich würdest du anfangen, an dir zu zweifeln. Hat derjenige recht? Bin ich blond? Wieso tut er mir das an? Ich fühle mich schlecht!

Genauso funktioniert es in Beziehungen. Indem du eine Partnerschaft mit einem anderen Menschen eingehst, schaffst du ein Umfeld, in dem deine eigenen Grenzen zum Vorschein kommen und sichtbar, vor allem aber spürbar werden. Wenn du dich mit deinen eigenen Minderwertigkeitsgefühlen noch nicht hinlänglich beschäftigt hast, wirst du ausschließlich Menschen anziehen, die die Spiegelung deines eigenen Mangels sind und diesen ständig bestätigen. Wenn du mir nicht glaubst, dann tritt einen Schritt zurück und schau dir an, wie du dich selbst behandelst (in den Bereichen Selbstfürsorge, Ernährung, wie du mit dir und über dich sprichst ...). Vermutlich wirst du feststellen, dass die Art, wie dein Partner dich behandelt (er betrügt mich, er respektiert mich nicht, nie kümmert er sich um mich ...) ziemlich genau der Weise entspricht, wie du dich selbst behandelst.

Für mich sind Beziehungen immer ein Geschenk des Universums, wenn du so willst. Ohne Erlebnis lassen sich keine Erfahrungswerte schaffen und ohne dass es kneift, wirst du dich nicht aus deiner Komfortzone bewegen. Sie sind so viel mehr als das bloße Aufeinandertreffen von zwei Menschen und genau deshalb sind Beziehungen auch für jeden das absolute Thema Nummer eins. Je schmerzhafter sie sind, desto tiefer dringst du in die vergifteten Strukturen deines eigenen Storytellings ein und desto größer wird das Bedürfnis, eben dieses Gift langfristig zu entfernen.

. . . .

📢 **SAG'S DIR LAUT:** Je größer der Schmerz, den eine Beziehung in dir auslöst, desto näher bist du am Quell der Entzündung. Und das ist genau die Stelle, an der du operieren musst.

. . . .

Zu verstehen, dass auch miese Beziehungen großartig sind, weil sie dir helfen zu heilen, ist eine steile These, aber ich bleibe dabei und ehrlich gesagt kann mich niemand vom Gegenteil überzeugen. Es gibt Menschen, die erleben in Partnerschaften die schrecklichsten Übergriffe. Sie werden vergewaltigt und verprügelt und das ist entsetzlich. Es gibt Frauen (und natürlich auch Männer), die wieder und wieder in die gleichen Beziehungsmuster geraten. Aber, und das ist für mich der entscheidende Punkt: Diejenigen, die es schaffen, sich daraus zu lösen, diejenigen, die verstehen, dass sie sich so nie wieder behandeln lassen werden, wachsen daran bis ins Unendliche. Sie schreiben ihr eigenes Narrativ um, setzen Standards und helfen häufig sogar anderen Menschen, die eigene Geschichte und die eigenen Glaubenssätze umzuschreiben. Es gibt niemanden, der sich die Entzündung herausgeschnitten hat und sagt: »Wisst ihr was? Ich fand's so geil da unten im Dreck, ich will gerne zurück in das Loch.« Es gibt Rückfälle, ja. Aber das bedeutet nur, dass das OP-Besteck noch mal herausgeholt werden muss.

Du musst natürlich keine traumatische Beziehungserfahrung haben um zu spüren, dass etwas nicht ganz passt. Ob du es glaubst oder nicht, schlechte Beziehungen sind großartig. Weil sie dich immer mit der Nase darauf stoßen, dass du ein Problem mit Selbstakzeptanz und Selbstfürsorge hast. Anstatt in Bitternis zu verfallen, plädiere ich dafür, Dankbarkeit zu empfinden. Dankbarkeit dafür, dass dir diese

Beziehung den Raum für Weiterentwicklung geöffnet hat und dir die Möglichkeit gibt, eine bessere, selbstfürsorgliche Version deiner selbst zu werden. Insofern gibt es keine schlechten Beziehungen, sondern nur solche, die nicht ewig dauern, die dir dafür aber die Möglichkeit geben, in den Himmel zu schießen.

. . . .

🔊 **SAG'S DIR LAUT:** Schlechte Beziehungen sind Enthüllungsjournalisten, die für dich eine miese Story enttarnen.

. . . .

Du wirst schnell merken, wenn du noch nicht bereit bist, dir deine Story anzusehen und stattdessen vor dem Job flüchtest. Denn dann wirst du für den anderen Entschuldigungen und Erklärungen suchen, um das schlechte Gefühl in dir zu kompensieren. »Sonst ist er nicht so« oder »Wenn wir alleine sind, ist er wirklich ganz anders« anstatt vor dir selbst zugeben zu müssen, dass sich die ganze Geschichte einfach nicht gut anfühlt. Das Leben ist in dem Fall aber sehr konsequent zu dir und wird dich wieder und wieder an den Ohren ziehen, bis du endgültig die Nase voll hast. Und dann kannst du ein paar Schritte zurücktreten und darüber nachdenken, was für ein Bild du von dir hast und warum es für dich bislang okay war, bestimmte Menschen in dein Leben zu lassen. Deine Beziehungen sind nämlich immer ein Spiegel für den Punkt im Leben, an dem du gerade stehst. Du musst darüber nicht traurig sein. Die Menschen, die du während deines Heilungsprozesses verlierst, sind nur für die ungeheilte Version deiner selbst bestimmt gewesen.

Bonusfrage: Aber was, wenn Typen wirklich sch... sind?

»Liebe Paula,
grundsätzlich verstehe ich das Prinzip. Aber irgendwie habe ich das Gefühl, dass es trotzdem nur eine Art Mann da draußen gibt. Alle bescheißen, keiner ist ehrlich und dann verziehen sie sich auch noch ohne Erklärung. Männer sind einfach scheiße!
   Deine Billy«

»Liebe Billy,
sieh es doch mal so: Nicht die Männer sind Mist, sondern dein Männergeschmack ist es. Wenn du diese Brille aufziehst, siehst du alles ein bisschen klarer. Natürlich gibt es eine Menge Kröten da draußen. Aber du entscheidest dich dafür, sie zu küssen. Mach es in Zukunft einfach anders. Kröten sind nichts für dich, das weißt du jetzt. Und was sehe ich da? Schau mal! Einen Golden Retriever!
   Alles Liebe
   Paula«

Ich habe das Gefühl, jetzt ist es an der Zeit für ein bisschen Lachen. Lord Byron, der Dichter, hat einmal gesagt: »Lache immer, wenn du kannst. Es ist die günstigste Medizin!« Das finde ich auch. Zu lächeln, das weißt du vielleicht, reduziert den Blutdruck. Nicht nur das. Wer viel lächelt, empfindet auch deutlich weniger Stress. Babys und Kleinkinder lachen noch richtig viel, bis zu 400-mal am Tag, während selbst die fröhlichsten Erwachsenen häufig nicht über 15-mal hinauskommen – viel zu wenig natürlich.

⚡ Power-up-Ritual

Manche Wissenschaftler glauben, dass einmal herzhaft zu lachen die gleichen gesunden Nebenwirkungen hat wie 20 Minuten joggen. Wenn du also nicht gerne durch die Gegend rennst, könnte Lachen einfach dein neues Lieblingshobby werden! Wie und worüber du lachst, ist dem Körper übrigens egal. Er kann nicht unterscheiden, ob dein Gelächter echt ist oder nicht. Sobald eine bestimmte Kombination an Muskeln stimuliert wird, schüttet er Glückshormone aus und die sind wie kostenlose Drogen für deine Seele.

Am schönsten ist es natürlich, wenn du wirklich etwas zu lachen hast. Das können Tiervideos im Internet sein oder einfach lustige Texte, wie zum Beispiel Kurt Tucholskys Glosse über Wörterbücher. Das Wort Milchreis? Oder weil sich einfach eine kleine Hysterie-Lawine in dir löst, was eines der schönsten Lacherlebnisse ist, die man haben kann.

Einmal stand ich mit dem Buch *Ä* von Max Goldt in einem völlig überfüllten Zugabteil, in dem ausschließlich Soldaten waren. Ich musste über eine Textstelle lachen, aber dann fiel mir auf, dass die Soldaten deshalb unheimlich böse guckten, weshalb ich dann schließlich sowohl über den Text als auch über die Vorstellung lachen musste, dass die anderen glaubten, ich würde über sie lachen, was zu einer unglaublichen Lach-Potenzierung führte, bis ich keine Luft mehr bekam. Leider überkommen einen Hysterie-Lawinen immer nur überraschend und nie auf Befehl, aber normales Lachen ist ja auch sehr schön. Such dir drei Arbeitsfehler, auf denen du tätig werden kannst:

- ❀ Bring dich selbst zum Lachen.
- ❀ Bring einen Freund oder eine Freundin zum Lachen.
- ❀ Bring jemanden zum Lachen, den du nicht kennst.

Der letzte Punkt ist besonders wirksam. Denn wenn du etwas für dich selbst tust, fühlst du dich glücklich. Wenn du aber etwas für jemand anderen tust, dann fühlst du dich erfüllt.

Du hast nichts zu verlieren, wenn du dein Liebesideal auf links drehst

Jeder Mensch hat Träume. Das ist auch gut so. Denn manchmal, wenn das Leben ein bisschen duster und nebelig wird, ist es gut, sich Sonnenschein herbeizuträumen. Die Filmindustrie und die romantische Literatur leben davon, Träume fertig zu portionieren und anschließend zu verkaufen. Du möchtest eine liebestolle Gräfin sein? Schau *Bridgerton*! Du willst, dass der neue Tierarzt deines halb blinden Hundes ein richtig heißer Feger ist? Lies Nicholas Sparks!

Das Problem bei Träumen ist die Abgrenzung. Wo endet der Traum und wo fängt die Realität an? Was ist Ideal und was authentische Darstellung meiner Lebensumstände? Wenn du ein Leben für die Idealversion deiner selbst baust, wirst du trotzdem Menschen anziehen, die deiner jetzigen Version entsprechen. Auf diese Weise wirst du anfangen, dich so zu verbiegen, dass du nur noch im Konjunktiv leben kannst. »Wenn nur XY der Fall wäre« oder »Könnte es nur sein wie bei XY«. Du wirst niemals ankommen und niemals echte Zufriedenheit spüren. Und weil du ja kein Rehabilitationszentrum für Leute bist, die sich weigern, ihr Leben in Ordnung zu bringen (und selbst heilen möchtest), ist es nötig, sich diese Idealversion mal genauer anzusehen.

Es kann sein, dass du dich gebaut hast wie eine Hochleistungsmaschine. Viele Frauen machen das heute so. Sie wollen unabhängig Karriere machen, prima Mütter sein und gleichzeitig aussehen wie Fitnessmodels. Tut mir leid, wenn ich da spoilern muss, aber das klappt schon mal nicht. Dazu soll der ideale Partner kommen, modern, feministisch, fit in Haushalt und Kinderpflege, aber super maskulin und an den richtigen Stellen romantisch. Wenn du einen solchen Mann findest, sag mir Bescheid, ich habe nämlich noch keinen getroffen.

In vielen Selbsthilfebüchern wird dazu geraten, Wünsche ans Universum zu schicken oder sich Moodboards zu basteln, auf denen man sogar die Farbwelt der zukünftigen gemeinsamen Wohnung festlegen kann. Alles schön und gut, aber bevor du die Schere herausholst, musst du dich erst mal fragen, welche Idealversion du von dir im Kopf hast.

. . . .

🔊 **SAG'S DIR LAUT:** Du kannst kein Leben bauen für jemanden, der du selbst nicht zu sein glaubst.

. . . .

Vor Jahren habe ich einer Freundin einmal aus Spaß ein Backset für den idealen Mann geschenkt. Ständig hatte sie etwas an ihren Kandidaten auszusetzen, bemängelte dies und das, weil es angeblich nicht zu ihr passte. Und das stimmte insofern, als die Idealversion, die sie von sich selbst im Kopf hatte, einer Prinzessin im Frankreich um 1700 entsprach. Dazu passende Männer gab es, zum Glück, in der Tat nicht. Das Backset enthielt eine Form für den idealen Mann, ungefähr in der Größe von Ken, und eine Anleitung für den Teig. Gut möglich, dass wir nicht genau auf die Relationen geachtet haben, aber als wir das Förmchen in den Ofen schoben, fing der Teigmann nach kürzester Zeit an, die Grenzen seiner Idealmaße zu verlassen. Am Ende der Backzeit sah er aus wie der adipöse Cousin von Bigfoot. Zugegeben, nicht die Art Mann, die man gerne datet, wenn man Wert auf Äußerlichkeiten legt.

Meine Freundin nahm es mit Humor. »Möglicherweise hast du recht«, sagte sie, »vielleicht sollte ich meine Ansprüche wirklich noch mal überdenken.« Zu ihrer Idealversion, der französischen Adeligen, passte der Teigmann nicht. Sehr wohl aber zu dem Bild, das sie in Wirklichkeit von sich hatte. Die idealisierte Version unserer selbst ist so clever angelegt, dass wir selbst nicht merken, wenn sie nicht der Realität entspricht.

🍸 *Date mit DIR: Wie sieht die idealisierte Version deiner selbst aus?*

Vielleicht fällt dir diese idealisierte Version von dir nicht sofort ein, weil vieles davon unterbewusst abläuft. Aber vermutlich behauptest du nach außen, dich besser zu fühlen, als du es in Wahrheit tust, und wunderst dich dann, warum du nicht so prächtig behandelt wirst, wie du es dir erhoffst. Was hat dein Ideal, das du gar nicht hast? Mal dir deine erfundene Version auf und richte Pfeile auf die Stellen, die du geschönt hast. Die Seele setzen wir in dem Fall in den Bauchraum. Schreibe ans Ende der Pfeile, wie toll dein erfundenes Ich in deinem Unterbewusstsein ist. Ist dein Ideal schlauer, als du es wirklich bist? Gütiger? Geduldiger? Schreib daneben, wie du *wirklich bist.* »Ich bin ungeduldig, aber versuche, trotzdem gerecht zu sein. Das macht mich nicht weniger liebenswert.« Und so weiter. Die Diskrepanz zu visualisieren hilft dir, dein Programm auf Echtzeit umzuschalten.

Du hast nichts zu verlieren, wenn du verstehst, dass Liebe sich auch auf andere Arten zeigt

Wie sieht Liebe für dich aus? Gehörst du zu denen, die finden, dass Jack und Rose in *Titanic* die ultimative Romanze hatten – zumindest, wenn man davon absieht, dass er jämmerlich verreckt ist? Findest du vielleicht, dass es okay ist, wenn dein Schwarm dich monatelang belügt und verarscht wie in *e-m@il für Dich*? Oder bist du gar dahingeschmolzen, als Jerry Maguire sich endlich den Satz »Du vervollständigst mich« herausgepresst hat? Dann habe ich gute Nachrichten für dich! Du darfst nämlich weiterträumen.

Das echte Leben ist nämlich nicht so und ich finde: zum Glück. Gerade der Satz »Du vervollständigst mich« bringt meine Galle zum Kochen, und das nicht nur, weil ich massenweise Gallensteine habe. »Du vervollständigst mich« hat ganze Generationen von Frauen glauben lassen, dass sie tatsächlich irgendjemanden brauchen, um komplett (also lebensfähig) zu sein. In Wahrheit ist jeder schon genauso komplett, wie er ist, und die alte Sage, wonach zwei Seelen über die Erdoberfläche irren, um einander zu, nun ja, vervollständigen, ist absoluter Müll.

Du bist genug, so wie du bist. Du glaubst vielleicht, dass ein Partner dich wertvoller macht, aber dem ist nicht so. Sag dir das gerne jeden Tag und sag es anderen, bis alle es verstanden haben. Ich will diesen Mist nicht mehr hören.

Wie ich schon geschrieben habe, sind Beziehungen nicht der Vollständigkeit halber anzustreben, sondern weil sie die ideale, leichteste Konstellation sind, um zu werden, wer man wirklich ist. Nicht zu vergessen die angenehmen Zusatznutzen wie Sex, wann man will, geteilte Rechnungen und die Tatsache, dass vieles zu zweit einfach leichter ist. Es geht aber auch ohne, nicht vergessen!

Romantik, oder das, was wir allgemein unter Romantik verstehen, ist nicht viel mehr als ein Marketing-Gag. Ich persönlich brauche keine Wohnung, die mit Rosenblättern vollgekrümelt ist, und ich will auch niemanden, der mein Bad mit Kerzen vollstellt. Hingegen kann ich mich für eine spontane Fußmassage durchaus erwärmen und finde es extrem ansprechend, wenn jemand einkaufen geht und vorher selbstständig nachgesehen hat, was im Kühlschrank fehlt. Ohne Murren Wäsche zusammenlegen! Auto nach Benutzung volltanken! Das ist Romantik nach meinem Geschmack!

Geprägt durch ihr kulturelles Erleben, haben viele Menschen eine bestimmte Definition von Liebe erfunden. Und weil sie an dieser Definition festhalten, übersehen sie häufig, wo Liebe sich zeigt – einfach, weil Liebe für sie nur eine bestimmte Form haben kann.

Der Autor, Anthropologe und Paarberater Dr. Gary Chapman hat ein Buch geschrieben, in dem er untersucht, auf welche unterschiedliche Weise Menschen ihre Zuneigung zeigen. *Die fünf Sprachen der Liebe* wird heute überall auf der Welt in der Paarberatung benutzt, ein wahrer Klassiker – the *Duden* of love! Wenn du wie ich mit einer völlig verqueren Vorstellung von Liebe aufgewachsen bist, dann wirst du einige der Liebesvokabeln gar nicht als solche identifizieren.

Die meisten von uns lernen ihre eigene Definition dessen, was Liebe ist und wie man sie zeigt, indem sie als Kinder das erwachsene Umfeld, in dem sie aufwachsen, studieren und schließlich kopieren. Diese Erkenntnis, die vielfältig erlebt werden kann (»Es ist Liebe, wenn man nach einem Streit nicht miteinander redet« oder »Es muss Liebe sein, wenn ich geschlagen werde« oder, softer »Es ist Liebe, wenn der andere sich über mich lustig macht« etc.) sorgt dafür, dass Menschen ein Grundverständnis davon entwickeln, wie sich Zuneigung zeigen lässt. Ein Kind kann nicht hinterfragen, ob es auf eine gesunde Weise oder vielleicht gar nicht geliebt wird, es hat also keine Alternative.

Wenn du Glück hattest, haben deine Eltern oder die Menschen, mit denen du aufgewachsen bist, eine positive Art, sich auszudrücken. Wenn es nicht so gut lief, dann hast du dir vielleicht Liebessprachen abgeschaut, die dich heute daran hindern, Liebe als solche zu erkennen, zu empfangen oder auszudrücken. Ziemlich sicher ist aber, dass dein zukünftiger oder aktueller Partner eine vollkommen andere Sprache der Liebe spricht und wenn du nicht in allen Varianten absolut fließend bist, dann wirst du dir manchmal vorkommen wie jemand, der versucht, einem Menschen mit schlechtem Gehör Brailleschrift beizubringen. Kein Wunder, dass es in Partnerschaften und zwischen Menschen generell ständig zu Missverständnissen kommt.

Chapmans Ansatz ist der, dass es für eine erfolgreiche Partnerschaft unbedingt notwendig ist, die Liebessprache des jeweils anderen zu identifizieren und anschließend entschlüsseln zu lernen. Falls du dir noch nie Gedanken darüber gemacht hast, welche Sprache der Liebe du selbst eigentlich sprichst, hilft es, wenn du dir folgende Fragen stellst:

* Wie und in welcher Form drücke ich meine Liebe für gewöhnlich aus?

* Worüber beschwere ich mich am meisten, also welche Gedanken sind dominant? Zum Beispiel: »Nie tut jemand etwas für mich«, »Immer muss ich alles alleine machen«.

* Welche Forderung stelle ich an andere am häufigsten?

Es ist gut möglich, dass sich die Sprache des anderen anhört wie Alien-Talk. Vielleicht ist es dir in früheren Beziehungen auch schon so gegangen. Lass dich davon nicht entmutigen. Zu lieben und Liebe auszudrücken ist eben keine gemütliche Schlittenfahrt, sondern eher die Tatsache, dass wir den anderen auf dem Schlitten ziehen, damit er Spaß hat. Liebe ist für den Partner ein Geschenk, das wir geben, nicht eines, das wir für uns selber kaufen. Doch wenn wir sehen, dass wir mit dieser Haltung dem anderen näherkommen und er uns, dann ist wieder eine gemeinsame Tür aufgegangen.

Die fünf Sprachen der Liebe also sind:

1. Worte des Lobes und der Anerkennung. Es gibt Menschen, für die haben Worte mehr Bedeutung als alles andere. Wenn das deine Sprache der Liebe ist, dann wirfst du mit Anfeuerungen um dich wie mit Konfetti. Du begnügst dich nicht mit Liebesbekundungen, sondern bist der verbale Cheerleader, der bei jedem Spiel am Spielfeldrand steht und mit den Pom Poms wedelt. Wenn dich jemand verbal verletzt, dann sitzen die Worte tief und werden so schnell nicht wieder vergessen. Du bist ermutigend im wahrsten Sinne des Wortes, lobst und applaudierst und findest es selbstverständlich, dass andere es auch tun.

Liebe bedeutet für dich, dass deine Worte mit Bedacht gewählt sind, weil du weißt, wie sehr der falsche Begriff verletzen kann. Wenn dies <u>nicht</u> deine Sprache ist, sondern die deines Partners (egal, ob du jetzt einen hast oder nicht, es ist gut, dieses Wissen im Köcher zu haben), dann musst du gerade im Streit sehr auf deine Wortwahl achten. Dies ist die Art, wie dein Partner Liebe erlebt – versau' es nicht, indem du ihn an seiner schwächsten Stelle triffst. Statt Forderungen zu stellen, versteht diese Sprache der Liebe Vorschläge viel besser – das führt zu einem fruchtbaren Ergebnis. Positives Feedback erreichst du auch, wenn du den Menschen häufig und ehrlich gemeint lobst, auch wenn es sich für dich vielleicht etwas übertrieben und merkwürdig anfühlt. Es geht hier immer um das Empfinden des anderen.

2. Zeit zu zweit. Wenn dies deine Sprache ist, dann weißt du, wie wichtig dir echte Aufmerksamkeit ist und wie schlecht es sich für dich anfühlt, wenn jemand auf sein Telefon schaut oder irgendetwas anderes tut, während du etwas besprechen oder einfach nur mit ihm zusammen sein möchtest. Nichts sagt dir so sehr »Ich liebe dich« wie ungeteiltes Interesse. Das Gleiche gilt auch, wenn dies die Sprache deines Menschen ist. Wirklich da sein im Moment, ohne Fernseher, Telefon, Playstation und ohne nebenher irgendetwas zu erledigen, ist richtig essenziell. Und darum ist es für solche Personen auch besonders schmerzhaft, wenn Verabredungen einfach verschoben werden oder der andere vor lauter Ablenkung gar nicht richtig zuhört.

Einem anderen Menschen die ungeteilte Aufmerksamkeit zu schenken heißt nicht, nebeneinander herzuatmen, während die Glotze läuft. Diese Sprache der Liebe mag gemeinsame Unternehmungen wie Spaziergänge oder Restaurantbesuche, Zeit eben, in der es wirklich möglich ist, sich ineinander zu bohren und tiefe Gespräche zu führen. Bei solchen Gesprächen geht es nicht darum, ungefragt Ratschläge zu verteilen, sondern um empathisches Zuhören – im Grunde übersetzt mit »Ich höre dich und verstehe dich«. Geschenkte Aufmerksamkeit ist ein starker Kommunikator der Liebe.

Falls dir Zuhören eher schwerfällt und du bei jedem Satz wie ein Windhund in der Startbox stehst, habe ich ein paar Tipps, wie es einfacher geht.

- ♣ Wenn dein Partner spricht, halte Blickkontakt. Menschen dieser Liebessprache genießen es besonders, wenn sie angesehen werden.
- ♣ Lass alles beiseite, was die Konversation stören könnte. Ich meine wirklich alles. Auch Messer und Gabel.
- ♣ Alle anderen Tätigkeiten, selbst wenn die Katze sich gerade auf dem Teppich übergeben hat, sind jetzt im Stand-by-Modus. Okay, die Katzensache bildet eine Ausnahme.
- ♣ Hör genau hin, welche Gefühle der andere Mensch gerade zum Ausdruck bringt und versuch', dich hineinzufühlen. Merke: Es sind nicht deine Gefühle, du musst sie gar nicht bewerten.
- ♣ Achte auf die Körpersprache. Ist die Person entspannt? Oder besorgt, dass du in Gedanken woanders bist?

♣ Nicht unterbrechen, selbst wenn dir etwas wirklich auf der Zunge kitzelt. Damit würdest du nur zu verstehen geben, dass die andere Person dich nicht wirklich interessiert und es könnte so interpretiert werden, dass du sie also nicht wirklich liebst.

♣ Bei all dem Zuhören, darfst du nicht vergessen, dass es sich hier um einen Dialog handelt. Wenn dein Gegenüber etwas Wichtiges mit dir teilt, solltest du ebenfalls mit der Sprache herausrücken und etwas erzählen, das einen Einblick in deine Seele gewährt.

3. Geschenke. Aber welche, die von Herzen kommen. Dies ist ganz klar meine Sprache der Liebe. Aber du darfst sie nicht mit Materialismus verwechseln. Anstatt schnöde Päckchen und Präsente einzusacken, geht es hier um Aufmerksamkeiten, die zeigen, dass der andere sich wirklich Gedanken darüber macht, was dich glücklich machen könnte. Das kann ein Picknick im Grünen sein oder der richtige Geburtstagskuchen – es geht darum, die Intention hinter dem Geschenkten zu erkennen, nämlich den Ausdruck der Liebe. Als besonders unangenehm empfinden Leute wie ich deshalb die Gedankenlosigkeit. Ein verpasster Geburtstag oder ein lieblos hingerotztes Kärtchen sind Verwundungen, die so schnell nicht abheilen. Genauso tut es übrigens auch weh, wenn niemand einem eine freundliche Geste im täglichen Leben zukommen lässt. Das führt unweigerlich zu existenziellen Fragen wie »Warum liebt mich denn keiner?«

Ein Geschenk ist die Manifestation des Gegenübers. Man kann es im Nachtkästchen aufbewahren oder sich daran erinnern, wie die Blumenwiese beim Geburtstagspicknick geduftet hat und sofort weiß man, dass jemand an einen gedacht hat und man, ja, aufrichtig geliebt wird. Diese Greifbarkeit ist der Unterschied zu den anderen Sprachen der Liebe. Vielleicht brauchen wir einfach ein bisschen mehr Rückversicherung als andere, aber da bin ich mir nicht sicher. Und wie gesagt, es geht hier nicht im Geringsten um die Kostspieligkeit des Geschenks. Eine hübsch geplättete Trockenblume kann uns wertvoller sein als eine teure Uhr.

Wenn dein Partner oder deine Partnerin diese Sprache spricht, dann kann ich dir den Tipp geben, dir immer aufzuschreiben, wenn die Sätze »Oh, das gefällt mir aber« oder »Das würde ich auch gerne mal machen« fallen. Dank mir später. Ehrlich gesagt glaube ich, dass diese Sprache das Englisch unter den Liebessprachen ist: leicht zu lernen und die Grammatik ist auch ganz okay.

4. Hilfsbereitschaft. Diese Sprache der Liebe ist bei allen extrem beliebt, aber sie wird auch häufig missinterpretiert, weil es den Menschen so schwerfällt, eine Grenze zu ziehen. Und genau da kann man als Partner prima ansetzen. Denn hilfsbereite Menschen übernehmen sich oft als Folge ihrer Liebe und achten nicht mehr so sehr auf ihre Reserven. Dementsprechend ist es ein echtes Zeichen der Liebe und des Verständnisses, die Last mitzutragen. Das heißt also, dass das Aufräumen nicht der anderen, hilfsbereiten Person überlassen werden sollte, sondern ein »Warte, ich helfe dir« der größtmögliche Liebesbeweis ist.

Wenn man diesen Menschen richtig enttäuschen will, dann setzt man auf Faulheit, ständig gebrochene Versprechen und verursacht immer mehr Arbeit – was übersetzt so viel heißt wie »Deine Gefühle zählen nicht.«

Wenn man liebt, macht man natürlich nichts, was den Partner unglücklich macht, sondern versucht idealerweise, sich auf dessen Sprache einzuschwingen. Für einen solchen Menschen die Steuererklärung vorsortieren, den Hund ungefragt Gassi führen oder einfach eine ganze Woche lang kommentarlos die Geschirrspülmaschine ein- und ausräumen: all dies wird von ihm genau als das verstanden, was es ist, ein echter Liebesbeweis. Falls du mit jemandem zusammen bist, dessen Liebessprache die Hilfsbereitschaft ist, kannst du darauf achten, über welche Aufgabe er oder sie besonders oft klagt oder meckert. Denn das ist etwas, wo der andere sich Hilfe wünscht, es sich aber nicht zu sagen traut.

5. Berührungen und Zärtlichkeit. Manche Leute kriegen kaum ein Wort heraus, suchen aber ständig Körperkontakt, allerdings nicht zwangsläufig auf die sexuelle Art. Wenn du mit jemandem zusammen bist, der bei jeder Gelegenheit seinen Kopf auf deine Schulter legt, sich an dich schmiegt, deine Hände hält, dich küsst und auch sonst einfach oft berührt, dann kannst du dir sicher sein, dass dies seine Hauptart ist, Liebe auszudrücken. Vielleicht geht es dir ja auch selbst so. Dann weißt du aus erster Hand, dass körperliche Präsenz für das Wohlgefühl absolut essenziell ist und Vernachlässigung oder Grobheit unverzeihliche Vergehen sind.

Ständig berührt zu werden ist natürlich nicht jedermanns Sache, nicht mal in einer Beziehung. Darum ist es wichtig zu erkennen, ob die Körperlichkeit Kontrolle oder eben eine liebevolle Ausdrucksform ist. Ist es die Sprache der Liebe deines Partners, dann musst du wissen, dass Händchen halten, Küsse, Umarmungen alles Mittel sind, um Liebe zu geben und zu empfangen – wie bei Äffchen, die sich gegenseitig lausen. Ich finde, dass diese Art eine besonders schöne und leicht zu erlernende Form des Ausdrucks ist, weil sie vollkommen mühelos und ohne Aufwand jederzeit kommuniziert werden kann. Einfach, indem man ein bisschen näher zusammenrückt oder den Partner hier und da fest in den Arm nimmt.

Selbst der Verkorksteste unter uns zeigt zumindest Ansätze einer der fünf Sprachen der Liebe. Ob sie aus den richtigen Motiven erlernt wurde und wie grammatikalisch korrekt sie angewendet wird, ist erst mal nicht wichtig, wenn es darum geht, den anderen kennen- und einschätzen zu lernen. Es ist nämlich ziemlich einfach, einem Menschen, der absolut maulfaul ist, zu unterstellen, er würde seine Zuneigung nie zum Ausdruck bringen. »Ich liebe dich« kann sich eben auch in einer aufgeräumten Garage oder in einer langen

Umarmung zeigen. Das funktioniert natürlich nur, wenn der andere überhaupt liebt und nicht nur deshalb in dieser Beziehung ist, weil es sich so ergeben hat – was übrigens ziemlich häufig passiert.

🍸 Date mit DIR: Kennst du deine Sprache der Liebe?

Weißt du eigentlich, in welcher Form du deine Liebe ausdrückst? Falls du keine Idee davon hast, lohnt es sich, mal darüber nachzudenken (auch in der Vergangenheit), denn du weißt ja, dass wir hier auf dem Weg durch dein Inneres sind und damit ins Glück. Du findest Onlinetests dazu überall im Internet, aber es reicht eigentlich auch, wenn du dir folgende Fragen stellst:

1. Am meisten geliebt fühle ich mich von meinem Partner, wenn ...

2. Für mich ist ein großer Liebesbeweis, wenn mein Partner ...

3. Körperliche Zuwendung heißt für mich ...

4. Das schönste Geschenk, das mein Partner mir machen kann, ist ...

5. An einem freien Tag würde ich am liebsten ...

6. Ein Lob ist mir wichtiger, als ...

7. Besonders gut fühle ich mich, wenn ich meinem Partner gegenüber ... war

8. Wenn ich ... mache, habe ich manchmal das Gefühl, dass mein Partner nicht weiß, wie sehr ich ihn liebe.

Wenn du dir diese Fragen gestellt und eine Weile über deine Antworten nachgedacht hast, kommst du auch von selbst darauf, welche Sprache die deine ist. Und dann kannst du das Gleiche auch für deinen Partner tun und überlegen, wo es bei euch wann und warum zu Übersetzungsfehlern kommt. Wenn du keinen Partner hast, kannst du auch anhand ehemaliger Beziehungen überlegen, wie du dich ausgedrückt hast. Und selbst, wenn du noch nie eine Beziehung hattest, kannst du darüber nachdenken, in welcher Form du Liebe am leichtesten geben und empfangen kannst.

Du hast nichts zu verlieren, wenn du nach jemandem suchst. Solange du richtig hinsiehst

Du kannst nicht entscheiden, wo du geboren wirst. Du hast keinen Einfluss darauf, wer deine Eltern sind, wie du heißt, an welchem Tag du zur Welt kommst. Nichts davon liegt in deiner Hand. Irgendwann, wenn du anfängst darüber nachzudenken, welche Karten dir in die Hand gespielt wurden und du vielleicht das Gefühl hast, dass dein Blatt hätte besser sein können, leg deine Hand auf deine Brust. Spürst du das Klopfen? Das ist dein Herz. Es schlägt für dich und will verflucht sein, wenn wir nicht alles dafür tun, damit dieser Herzschlag zu einem glücklichen Leben führt.

Da du all die Koordinaten, die deine Ausgangsposition bestimmen, nicht selbst beeinflussen kannst, kannst du sie loslassen, nachdem du verstanden hast, wie dein Kompass eingerichtet ist. Es ist okay, wie es ist. Denn das beste Werkzeug von allen hast du selbst in der Hand: deine Zukunft. Die Zukunft ist das Einzige, das du wirklich selbst beeinflussen kannst. Darum ist es so wichtig, sich darauf zu konzentrieren und nicht die ganze Zeit nach hinten zu schauen. Das ist nicht die Richtung, in die du gehst.

Ich denke, wir sind uns alle einig, wenn ich sage, dass Liebe und die Sehnsucht danach die größte Triebfeder für die meisten Menschen auf dieser Erde ist. Wenn sie verliebt sind, können die Leute alles, sogar fröhlich in die Schule hüpfen an Tagen, an denen eine Matheklausur geschrieben wird. Es ist also kein Wunder, dass jeder sich ständig darüber Gedanken macht.

Dating ist eine komplexe Angelegenheit. Jeder von uns hat ein gewisses Bild des Traumpartners im Kopf und problematischerweise ist dieses Bild eher von dem geprägt, wie der Partner aussehen und welche Attribute er mitbringen sollte, als danach, welches Lebensgefühl man sich durch eine Partnerschaft erträumt. Wer zu dir passt und wen du haben willst sind leider zwei völlig unterschiedliche Dinge.

Ich sage es gerne noch mal: Das Gute daran ist die Gerechtigkeit des Systems. Wenn du den falschen Filter aufgezogen hast, wirst du gerade beim Dating wieder und wieder den gleichen Menschen vorgesetzt bekommen, bis du irgendwann merkst, dass du etwas verändern musst. Aber das Falsch-Dating hat auch einen riesigen Vorteil. Die schrägen Storys nehmen einfach kein Ende und der Freundeskreis hat immer etwas zu lachen. Ich habe mal auf Instagram gefragt, was die merkwürdigsten Geschichten sind, die den Leuten beim Dating passiert sind.

»Einer hat mir mal gesagt, dass ich meine Haare nicht abschneiden soll, weil sie so schön von meinem Körper ablenken.«

»Meine Oma hat mir ein Blinddate mit dem Enkel ihrer Freundin besorgt. Es war aber kein Blinddate, sondern ein Spaziergang mit dem Typen, seinen Großeltern und meiner Oma. Nein danke.«

»Wir sind für das erste Date in ein Restaurant gegangen. Das kann ich niemandem raten, weil du nicht einfach so nach einem Getränk abhauen kannst. Jedenfalls wusste ich schon ganz sicher, dass es ein schrecklicher Abend wird, als der Brotkorb kam, ich danach griff und er sagte: ›Du weißt schon, dass Brot unheimlich fett macht. Willst du das wirklich essen?‹«

»Wir waren spazieren und die ganze Zeit hat er vielleicht zwei Sätze gesagt. Als ich meinte, dass ich nach Hause will, hat er mich heimgefahren. Um mir dann vor der Tür über das gesamte Gesicht zu lecken.«

»Schriftlich klang alles super. Total erwachsen und reflektiert. Kaum treffen wir uns, fängt er an zu weinen, weil er nicht genau weiß, wer er ist und weil seine Oma gestorben ist und weil seine Ex-Freundin so gemein war. Ist mir dreimal passiert, bevor ich aufgehört habe zu daten. Seitdem frage ich die Typen erst, ob sie schon mal eine Therapie gemacht haben.«

»Er war Segler, ich mag das Wasser. Auch sonst hatten wir viele Gemeinsamkeiten. Aber dann beim ersten Date hat er nur davon gesprochen, dass er mit seiner Ex leider Schluss machen musste, weil sie ›schwach am Wind und nicht richtig fit in Sachen Bootsfahrt war‹. Ich weiß nicht, vielleicht hat er geglaubt, dass er ein Pirat ist. Am Schluss hat er meine Arme gefühlt, weil man ja fürs Segeln einen starken Bizeps braucht.«

. . . .

📢 **SAG'S DIR LAUT!** Deine Zeit ist viel zu wertvoll, um sie mit Menschen zu verbringen, die nicht akzeptieren, wie du bist.

. . . .

So witzig diese Geschichten sich anhören, auf Dauer ist das Dating-Geschäft für viele einfach wahnsinnig frustrierend und wenn man nicht aufpasst, kann es richtig aufs Selbstvertrauen schlagen. Eine richtig coole Frau namens Steffi war bei mir im Podcast zu Gast, weil sie schrecklich unter der Trennung von ihrem Ex litt. Oder was heißt Ex. Auf die Frage, wie lange sie denn zusammen waren, sagte sie: »Zwei Wochen.« Dennoch hatte der Typ genug Einfluss auf ihr Wohlbefinden, dass sie ihm massiv nachweinen musste. Schon beim ersten Date hatte er angefangen, sie zu korrigieren (»Es heißt deinetwegen, nicht wegen dir«), der Sex war mittelmäßig und an so ziemlich allem, was nicht rundlief, gab er ihr die Schuld. Von außen betrachtet also eine leichte Nummer: Offenbar war der Mann mit geringem Selbstwertgefühl ausgestattet und versuchte verzweifelt davon abzulenken, dass er sich selbst für einen richtigen Loser hält. In Steffis Innenwahrnehmung kam aber an, dass er *sie* nicht wollte, weil sie *wieder einmal alles falsch gemacht* hatte. Und das führte dazu, dass sie mit absoluter Verzweiflung reagierte. Nicht, weil der Typ so toll war (obwohl sie es zunächst so interpretierte), sondern weil das Gefühl, dass durch seine Absage, à la »Ich glaube, wir viben nicht so richtig«, schon wieder das bestätigt wurde, was sie insgeheim glaubte: Steffi war der Liebe nicht wert und hatte es auch nicht verdient, Aufmerksamkeit zu bekommen.

Wenn man mitten im Anfall ist, also in dem Gefühl, dass es niemals klappen wird, weil man einfach eine blöde, unliebenswürdige Nudel ist, fällt es einem häufig leichter, dem Negativbild zu glauben, das man von sich selbst hat. Wäre man in der Lage, einen Schritt zurückzutreten, um sich die Sache ganz neutral anzusehen, könnte man einfach erkennen, dass man a) Opfer seines eigenen Musters geworden ist, was nicht schlimm ist, weil man jetzt sicher weiß, dass man daran arbeiten muss. Und b) dass der erwählte Kandidat nicht geeignet war, unter anderem, weil er Teil eines alten, unerwünschten Musters ist und außerdem selbst offenbar noch nicht genügend an seinen eigenen Storys gearbeitet hat.

Wir unterhielten uns eine Weile, und dann sagte Steffi, dass sie sich mit Dating gerne ablenkt und es zum Üben benutzen wolle, damit sie künftig schneller wisse, welche Menschen ihre Standards unterschritten und sie dementsprechend reagieren könnte. Übung ist immer gut. In Sachen Dating oder Partnersuche gibt es da aber einen entscheidenden Haken. Erstens sorgt wiederholtes Auswählen und Treffen von potenziellen Partnern für ständigen Endorphin- und Dopamin-Ausstoß – dein Gehirn gaukelt dir also schnell Begeisterung vor, wo interessierte Distanz besser wäre. Zweitens musst du sicher sein, dass dir deine Standards wirklich klar sind, weil du verstanden hast, was deine Kernglaubenssätze sind. Dieser Teil ist wirklich wichtig. Es reicht nicht, einmal kurz darüber nachzudenken – das ist ein Acker, den du wirklich bearbeiten und pflegen musst! Und drittens gibt es so etwas wie eine Abhängigkeit des Gehirns. Du wirst zum Liebesjunkie, ohne dass du es merkst.

Eine ähnliche Erfahrung hat meiner Vermutung nach auch Steffi gemacht. Sie empfindet das Dating bzw. Surfen auf Apps als Ablenkung, um sich nicht mit ihrem inneren Schmerz beschäftigen zu müssen. Gleichzeitig hat sie Angst vor dem, was ohne Dating kommen könnte. Wird sie vereinsamen? Werden ihre Gefühle des Abgelehntseins und des Verlassenseins übermächtig?

Sie ist damit natürlich nicht allein. Viele Menschen benutzen Dating-Apps, als wären sie Schweinchen, die nach einem langen Winter endlich wieder in den Eichenwald entlassen werden. Sie wühlen in der Erde herum wie verrückt und stopfen sich buchstäblich alles rein, was sie finden können, ohne zu prüfen, ob vielleicht Würmer drin sind oder nicht. Laut schmatzend und rülpsend rennen sie durch das Gelände, um nachher mit prallem Bauch zu japsen: »Herrjeh, was ist mir übel! Die letzte Eichel war schlecht!« Das weise Schwein jedoch spaziert durch den Wald und wählt mit Bedacht, was es zu sich nimmt.

Man kann nach dem Gefühl des Verliebtseins wirklich physisch süchtig werden. Viele Studien haben das Thema untersucht und sind zu dem etwas ernüchternden Ergebnis gekommen, dass weniger die Romantik dabei eine Rolle spielt, als vielmehr die Biochemie. Vielleicht ruft das kleine Schwein in dir jetzt »Das ist aber doof!«, aber ich kann dir versichern, dass es eine gute Nachricht ist!

Kokain oder Tobias – für das Hirn ist beides das Gleiche!

Wenn man Menschen einem Gehirnscan in einem Funktions-MRT unterzieht und ihnen ein Foto des geliebten Partners zeigt, wird eine Region des Gehirns mit Dopamin geflutet, die sich *Nucleus caudatus* nennt und im Endhirn liegt. Dieser *Nucleus caudatus* wird mit Begeisterungsfähigkeit und Zielstrebigkeit assoziiert und auch mit dem

Belohnungssystem in Verbindung gebracht. Dass Liebe dort auf dem fMRT in vielen bunten Farben sichtbar wird, hat bei vielen Experten zu der Annahme geführt, dass die Liebe an sich nicht gerade ein alleinstehendes Gefühl ist, sondern eher so etwas wie ein Zustand – wenn auch ein hochemotionaler. Vielleicht haben sie recht. Die gängigen Gefühle kann man anhand des Gesichtsausdruckes erkennen. Ob jemand wütend ist, erkennt man an zusammengezogenen Augenbrauen, Fröhlichkeit an einem Lächeln, Trauer an herabfallenden Mundwinkeln. Ob jemand verliebt ist, sieht man auf den ersten Blick höchstens daran, dass die Augen seltsam glasig wirken – wie bei jemandem, der alkoholisiert ist.

Für uns macht es natürlich keinen Unterschied, ob wir das Verliebtsein eines anderen auf den ersten Blick erkennen. Für das Gehirn aber schon. Das Gehirn ist nämlich daran interessiert, positive Zustände möglichst lange zu erhalten. Und das trifft nicht nur auf das Verknalltsein zu, sondern auch auf Zustände, die durch Rauschmittel hervorgerufen werden. Ob Kokain oder Tobias – für das Hirn ist beides das Gleiche. Der Zyklus ist simpel. Du konsumierst, Dopamin wird ausgeschüttet, du fühlst dich gut und darum willst du mehr, sogar dann, wenn der rationale Teil in dir weiß, dass das vielleicht keine gute Idee ist. Dein Hirn ist in einem sogenannten zielorientierten Belohnungszustand, das bedeutet, du bist nicht *wie* ein Junkie, sondern du bist *tatsächlich* einer. Dopamin ist dein Suchtmittel und das Schlimme ist, dass du es kostenlos an jeder Straßenecke (oder in jeder App) bekommst.

Genau wie man die schönen Seiten der Liebe, diese wahnwitzig enormen Glücksgefühle, im Gehirnscan sehen kann, genauso sieht man auch die schlechten Zeiten. Eine Studie aus dem Jahr 2010 hat untersucht, wie sich der *Nucleus caudatus* verhält, wenn verletzte Gefühle und Wut ins Spiel kommen. In dem Fall bestand die Versuchsgruppe aus Menschen, mit denen gerade Schluss gemacht wurde. Die Teilnehmer gaben an, dass sie nahezu den ganzen Tag an den ehemaligen Partner dachten und sich sehnlichst wünschten, die Beziehung möge noch eine Chance bekommen. Dieser jämmerliche Zustand führte bei jedem Einzelnen dazu, dass sie/er über Wochen und manchmal sogar Monate wiederkehrende Gefühle des totalen Kontrollverlusts über die eigenen Emotionen erlebte. Wenn du dich fragst, wie Kontrollverlust der eigenen Emotionen aussieht, kann ich dir nur sagen, dass du es garantiert auch schon mal erlebt hast. Dazu gehört nämlich: den anderen ständig anzurufen (auch gegen die Abmachung oder gar dessen Wunsch), stundenlanges Weinen, sogenanntes drailing, also drunk mailing, E-Mails voll besoffener, überemotionaler Schwüre und Liebesbekundungen oder dem Versprechen, dass ab jetzt bestimmt alles anders wird, Betteln um Wiedervereinigung, gerne auch auf Partys oder vor der Haustür des anderen und so weiter und sofort. Ich habe einmal einem Mann, von dem ich dachte, er wäre sicher DER Eine (war er garantiert nicht), eine CD von George Michael geschickt und ihm ein Rätsel gebastelt, anhand dessen er die richtigen Botschaften aus den Textstellen zusammenbröseln konnte. Ich kann nur hoffen, dass er sich die Mühe nie gemacht hat, denn es wäre ungefähr so etwas wie »Ich liebe dich für immer, deine Haut ist meine, deine Stimme klingt wie Ferien in meinen Ohren. Oh, der Sound, ich fühle dich in der Sommernacht, du kleines wildes Biest« herausgekommen. Kurzum, der totale Kontrollverlust über die eigenen Emotionen ist die Art Zustand, von dem man im Rückblick nicht verstehen kann, was einen da geritten hat. Kleiner Spoiler: Es war dein Hirn.

Doch zurück zur Wissenschaft: Die Forscher steckten nun wiederum diese armen Menschen mit Liebeskummer in ein fMRT und schauten nach, wie deren Gehirne inzwischen auf Bilder der Verflossenen reagierten. Es zeigte sich schnell, dass die Betroffenen bzw. die Hirne der Betroffenen noch die gleichen Anzeichen einer aktiven Sucht aufwiesen, sie waren also trotz der ausgesprochenen Trennung immer noch verliebt. Das Belohnungszentrum gibt nämlich nicht einfach so auf, nur weil die Belohnung nicht oder zeitverzögert auftaucht. Es gibt ja immer noch die Möglichkeit der Wiedervereinigung! Die Neuronen waren also noch auf Zack, bereit, jeden sich möglicherweise nähernden Belohnungsball aufzufangen, was dazu führte, dass die Betroffenen auf Fotos des Ex-Partners mit einer Gefühlswelle reagierten wie Hunde, denen man Bilder von Würsten zeigt. Es spielt also keine Rolle, ob du kognitiv weißt, dass die Geschichte ge-

laufen ist – dein Hirn ist immer noch vom Gegenteil überzeugt. Falls es dir ein Trost ist, dann bist nicht du für die im
Nachhinein peinlichen Aktionen verantwortlich, die man
als frisch verlassener Mensch so bringt. Ein Teil deines Gehirns versucht, einen anderen Teil zu übertrumpfen. Denn
im Liebesentzug ist auch noch ein Teil des Frontalcortex
aktiviert, der für das Erlernen und Kontrollieren von Gefühlen zuständig ist. Nach außen bleibt ein zittriger, weinender
Junkie auf Entzug übrig, bemitleidenswert und nun ja, ein
bisschen schaurig anzusehen.

Die Dauer des Entzuges variiert natürlich und hängt unter anderem von der persönlichen Resilienz, aber auch der
Dauer der Beziehung ab. Wenn eine Beziehung sich über
viele Jahre entwickelt hat, bedeutet das für dein Hirn, dass
es Tausende von neuronalen Kreisläufen umprogrammieren
muss, die in der Partnerschaft entstanden sind. Im Grunde
musst du ein völlig neues Betriebssystem in eine Firma ein-
bringen, deren Geschäftsführung gerade auf Reha ist und
keine Telefone dabeihat – da kann es schon mal zu Störun-
gen kommen.

Übrigens auch im Körper. Der US-amerikanische Physio-
loge Walter Cannon hat zu Beginn des 20. Jahrhunderts den
Begriff »Kampf-oder-Flucht-Reaktion« (im Englischen *fight
or flight response*) geprägt. Dieser beschreibt, was im Körper auf neurobiologischer Ebene unter extremen Stresssitua-
tionen geschieht. In Gefahr wird vermehrt Adrenalin aus-

gestoßen, was einerseits zu stark erhöhter (Kampf-)Leistung führt, andererseits aber auch zu unbedachten Affekthandlungen. Während eines großen Liebeskummers passiert einerseits eine Kampf-oder-Flucht-Reaktion, um den Körper und die Seele zu schützen. Gleichzeitig wird allerdings auch der Parasympathikus aktiviert, der das System beruhigt und eher für soziale Befriedung zuständig ist. Wenn Liebeskummer organisch wehtut, dann vor allem deshalb, weil zwei widerstreitende Systeme um die Vorherrschaft ringen und für das Gehirn die Abweisung durch einen geliebten Menschen nicht viel anders ist als eine Schusswunde.

Viele Menschen haben panische Angst vor diesem Gefühl und spüren deshalb lieber zu wenig als zu viel. Und genauso behandeln sie auch ihre Liebesentscheidungen. Je häufiger ich Menschen die Frage stelle, warum sie in genau dieser Beziehung sind, desto ulkigere Antworten bekomme ich. »Er hat mich überredet«, »Ich bin da so reingerutscht« oder »Sie ist doch nett«. Ich gebe zu bedenken, dass jede Stunde, jede Minute, die man mit der falschen Person zusammen ist, eine ist, die du nicht mit der richtigen verbringst. »Gut genug« ist auch dem anderen gegenüber unfair. Ich bin fest davon überzeugt, dass ein Mensch, der wirklich mit aller Kraft ordentlich aufräumt, genau den richtigen Partner anzieht. Auch wenn der meist gar nicht so aussieht, wie man ihn sich vorgestellt hat.

Liebeskummer geht vorbei, wenn der Entzug geschafft ist. Behandele deinen Körper in diesen Zeiten ruhig so, als hättest du eine physische Verletzung. Gönn dir Ruhe, nimm ein Bad, lies ein schönes Buch bei Kerzenschein. Und dann ist wieder Platz für die Realität. Anstatt sich nach irgendetwas zu sehnen, das man auf Instagram gesehen hat, macht es mehr Sinn zu überlegen, was einem in einer Beziehung wichtig ist und mit welcher Art Mensch man genau dieses Ziel erreichen kann. Denn das, was eine Beziehung lebendig hält, ist nicht der tolle Sex, das gute Aussehen, das schicke Auto. Sondern die Freude daran, gemeinsam zu wachsen und etwas aufzubauen, das auch in Zukunft Bestand hat.

Im Dating-Bereich bedeutet das, dass du deinen Filter noch einmal genau nach deinen Maßstäben feintunen kannst. Es gibt ein paar einfache Fragen, die du dir stellen kannst, wenn du unsicher bist, ob du die Einstellungen so hinbekommen hast, dass sie dir nutzen und nicht deinem Muster.

* Kenne ich meine Bedürfnisse genau und kann sie für mich formulieren?
* Weiß ich, in welche Fallen meines Musters ich früher getappt bin und habe ich sie entschärft?
* Mag ich den möglichen Kandidaten wirklich oder versuche ich, meinen Selbstwert aufzumöbeln, weil er besonders gut aussieht/ einen hohen Status hat/erfolgreich ist?
* Werde ich so behandelt, wie ich behandelt werden möchte oder gibt es *red flags*, die ich beachten muss?

♣ Schaffe ich es, meine Standards anzuwenden oder lasse ich zu, dass sie unterschritten werden?

♣ Würde eine Beziehung mit der Person das Lebensgefühl hervorrufen, das ich mir wünsche?

♣ Sind meine Muster wirklich nicht aktiv?

Es geht hier nicht darum, übermäßig wählerisch zu sein. Das wärst du, wenn du sagen würdest, dass derjenige beispielsweise immer braunes Haar und Sixpack haben, immer irre witzig sein und immer einen Mercedes fahren müsste. Hier geht es darum zu checken, ob du versuchst, den Nagel mit dem richtigen Hammer einzuschlagen oder ob du wieder deine Handfläche dazu benutzt.

Lass uns kurz über *red flags*, also rote Warnzeichen sprechen, denn ich weiß aus Erfahrung, dass viele von euch da recht lax sind und denken: »Ach, es ist nicht so schlimm, dass er Meerschweinchen ausweidet, immerhin näht er seiner Mutter daraus Nierendeckchen.« Menschen ändern sich nämlich nicht, es fällt ihnen nur über längere Zeit immer schwerer, ihr wahres Gesicht zu verbergen.

Eine Userin namens Zoe Bridges hat kürzlich auf TikTok eine Umfrage zum Thema *red flags* gestartet und wollte wissen, welche davon die Menschen schon mal übersehen oder aber rechtzeitig erkannt haben. Das Ergebnis ist ebenso haarsträubend wie lustig und darum möchte ich einige davon mit dir teilen.

»Er konnte seine Erektion nur halten, wenn ich mich tot gestellt habe.«

»Wir mussten so tun, als wären wir Bruder und Schwester, damit er einen hochgekriegt hat.«

»Er hat mein Bettlaken vollgekotzt, hat mich beim Namen seiner Ex gerufen und mir gesagt, dass er mich liebt – alles beim ersten Date:«

»Er hat die neunte Klasse zwei Mal wiederholt, aber trotzdem jeden dämlich genannt.«

»All seine Ex-Freundinnen hatten ausgedachte Namen, damit ich nicht herausfinden konnte, dass er jede Einzelne von ihnen betrogen hat.«

Nicht jedes Signal zum sofortigen Ausstieg ist so plakativ. Die üblichen roten Fähnchen sind scheinbar beiläufige Ereignisse, die man aber auf keinen Fall übersehen sollte:

* 🍀 Blicke, die nur die angeblichen Fehler sehen. (»Du bist ganz schön fett geworden« oder »Boah, ist der Pickel eklig!«)
* 🍀 Kontrolle, zum Beispiel, ob etwas »gut genug« ist, etwa ein Bewerbungsschreiben oder ein gemaltes Bild etc.
* 🍀 Vergleiche mit der Ex (»Sex mit ihr war irgendwie aufregender.«)
* 🍀 Eifersucht (»Mit wem schreibst du da?« oder »Wieso hast du mich nicht angerufen, als du gestern unterwegs warst?«, gerne auch »Also mit deinem Ex hast du bitte keinen Kontakt mehr. Ist mir egal, ob seine Mutter gerade gestorben ist.«)
* 🍀 Verhütungsprobleme (»Also Kondome passen mir einfach nicht.«)

♣ Pläne nach den ersten Verabredungen (»Ich habe da eine tolle Wohnung gesehen, wollen wir uns die mal anschauen?« oder »Ich bin froh, dass du so intelligent bist, wenn unsere Kinder dumm wären, fände ich das echt peinlich.«)

♣ Sozialkontrolle (»So interessant sind deine Freunde nicht, du und ich, das ist das Einzige, was zählt.«)

♣ Geiz (»Trinkgeld hat der nun wirklich nicht verdient« etc.)

♣ Ödipuskomplex (»Meine Mutter findet nicht gut, dass wir uns so häufig sehen.«)

♣ Übergriffigkeit (»Wir sollten keine Geheimnisse voreinander haben. Und jetzt zeig mir, wem du geschrieben hast.«)

♣ Erniedrigung (»Wenn du X nicht tust, liebst du mich nicht« oder »Wenn du aussehen würdest wie X, fände ich dich auch sexuell noch anziehend.«)

Die Liste lässt sich leider noch sehr lange weiterführen. Eines muss klar sein: Sobald auch nur ein hellrosa Warnzeichen am Horizont auftaucht, ist er nicht der Richtige! Er wird es auch nicht sein! Niemals! Was sagst du? Dass er sich bestimmt ändern wird unter deiner liebenden Pflege? Lass mich darüber … nein. NEIN!

. . . .

📢 SAG'S DIR LAUT: Ich kann nicht glauben, dass ich zugelassen habe, dass mich jemand so häufig so respektlos behandelt, weil mir die Gefühle anderer Menschen wichtiger sind als meine eigenen.

. . . .

🍸 *Date mit DIR: Mach den* red flags-*Check*

Wenn du eine Weile auf dem Dating-Markt unterwegs bist und schon die ein oder andere Beziehung oder Affäre gehabt hast und mit dem Ausgang der Geschichte unzufrieden warst, dann wette ich, dass du die ein oder andere rote Flagge übersehen hast. Ich möchte dich bitten, dir jetzt dein schlaues Heft zu holen und aufzuschreiben, welche *red flags* du in deinem Leben schon durchgewunken hast und trotzdem in der Beziehung geblieben bist. Wie viele waren es? Wie hat es sich angefühlt? Und wie ist die Geschichte zu Ende gegangen? Wie dankbar bist du im Rückblick für die Lektion und was hast du daraus gelernt? Welche *red flags* werden dir in Zukunft sofort auffallen?

⚡ Power-up-Ritual

Eines der größten Geschenke, die du dir im Leben selber machen kannst, ist es, all deine Unvollkommenheiten akzeptieren zu lernen. Dabei ist es vollkommen egal, ob du findest, dass sie körperlicher Natur sind, oder in deinem Temperament zu finden sind oder in deinem Charakter. Dazu gehört auch zu erkennen, dass das, was du als Makel an dir ausmachst, von jemand anderem möglicherweise als große Stärke empfunden wird. Nimm dir mindestens einmal im Monat vor, dich ganz in Ruhe vor einen Spiegel zu setzen und dich ganz genau anzusehen. Du kannst dir dafür auch gerne eine Kerze anzünden und entspannende Musik anmachen. Sieh dir in die Augen und versuche, richtig in dich abzutauchen. Was für einen Menschen siehst du? Was spürst du? Mach das ruhig für 15, 20 Minuten und lass die Gedanken durch dich hindurchfließen. Dann nimm dir einen Zettel und schreibe die Attribute auf, die dir am häufigsten in den Sinn gekommen sind. Du musst sie nicht nach positiv oder negativ bewerten, schreib sie einfach auf. Anschließend steckst du den Zettel zusammengefaltet in ein Kästchen oder eine Vase. Dorthin kommen alle Zettel, die du während dieses Rituals in Zukunft ausfüllst. Wenn du möchtest, kannst du diese Zettel irgendwann wieder hervorholen und durchlesen. All das bist du, siehst du, wie vielfältig und wundervoll du bist?

Du hast nichts zu verlieren, wenn du Single bleibst

Das Leben ist schön, wenn man jemanden hat, mit dem man es teilen kann. Es ist aber noch schöner, wenn man die Liebe und das Glück in sich alleine findet. Du musst nämlich kein Teil eines Paares sein, um glücklich zu sein. Ich weiß, dass das leicht gesagt ist, während du vielleicht zu Hause sitzt und dich fragst, ob du jemals wieder jemanden finden wirst, der dich lieben wird.

Wir sind jetzt aber schon so weit zusammen gegangen, du und ich, dass ich glaube, du weißt, was ich meine. Wenn du Single bist oder vorhast, einer zu werden oder vielleicht überraschend geworden bist, dann hoffe ich, dass du jetzt keine Angst mehr davor hast, weil du weißt, dass das größte

Geschenk (das, was du dann auch später in der *richtigen* Beziehung brauchen wirst) in dir selbst zu finden ist. Darum lass uns das hier ganz kurz machen.

Wenn ich ehrlich bin, dann gefällt mir das Wort Single nicht besonders, weil es so klingt, als wäre der Mensch dahinter grundsätzlich alleine unterwegs, einsam und ohne jeden Bezug zu anderen Menschen. Dabei stimmt das ja gar nicht. Auch Singles haben Freunde und Familie, Kollegen und Bekannte, mit denen sie Zeit verbringen. Leider ist mir auch nichts Besseres eingefallen, es sei denn, du willst »Ich lebe mein Leben individuell« sagen, was ich eigentlich ziemlich gut fände. Denn du lebst so, dass du stark und mutig genug bist, dir dein Leben schön zu machen, ohne von anderen abhängig zu sein. Eine Frau, die lebenslustig und tatsächlich unabhängig ist, ist in meinen Augen viel attraktiver als eine, die darauf wartet, bis jemand kommt und dafür sorgt, dass sie endlich ihr Leben gestaltet. Ich habe mal gelesen, dass du, wenn du von den richtigen Menschen respektiert werden willst, ihnen beweisen musst, dass du ohne sie klarkommst.

Viele Leute betreiben Dating genau wie sie Sport machen – sie krümmen keinen Finger und hoffen auf gute Resultate. Dann sind sie verzweifelt und meckern, dass es keine vernünftigen Leute da draußen gibt. Anstatt zu meckern, solltest du lieber darüber nachdenken, was das Schlimmste wäre, das dir als Single passieren kann:

* Du könntest durch Zufall eine perfekte Avocado finden und hast niemanden, dem du sie zeigen kannst.
* Du musst dein Auto und/oder Fahrrad selber reparieren (hasse ich, will ich nicht).
* Du magst Ingo nicht, aber dann fällt dir auf, dass Ingo dich mag. Also fängst du an, Ingo zu mögen, bis Ingo dich ghosted – was dazu führt, dass du Ingo noch mehr magst, obwohl du ihn eigentlich gar nicht mochtest.
* Du stirbst überraschend und deine Katze isst, weil sie nicht verhungern möchte, einen Teil deines Körpers auf.

Abgesehen davon kann dir nicht viel geschehen. Und wenn wir ehrlich sind, hat eine Beziehung auch viele Nachteile. Nicht nur, weil Partner manchmal ihre Mitesser selbst ausdrücken, ohne es dich vorher versuchen zu lassen.

Bonusfrage: Was, wenn ich die alten Zeiten vermisse?

»Liebe Paula,
eigentlich keine Frage, eher eine Erkenntnis. Ich war lange glücklich ohne Partner, dann habe ich mich verliebt. Inzwischen sind wir zusammengezogen. Und obwohl er wirklich supertoll ist, vermisse ich die alten Zeiten manchmal.
Liebe Grüße
Elli«

»Liebe Elli,

ah, die herrlichen Abende, an denen man selbst entscheiden kann, welchen Film man guckt. Oder die, an
denen im Nebenraum nicht melodramatisch in einem
Videospiel gestorben wird. Ich weiß, was du meinst. Ein
eigener Schrank! Ein eigenes Bett! Niemand, der einen
fragt, was man gerade macht, obwohl er nur anderthalb
Meter entfernt auf dem Sofa liegt. Niemand, der einen
leichten Schnupfen hat und sich verhält, als hätte er sich
gerade auf eine Granate geworfen und jetzt hängen alle
Innereien heraus. Niemand, der so viel Eau de Toilette
trägt, dass man Kopfschmerzen davon bekommt. Niemand, dem du die aufregendsten Geschichten erzählst,
und der dann zwei Minuten später auf den Tod seines
Meerschweinchens schwört, dass du ihm nie davon
erzählt hast. Vor allem aber: Niemand, der dir so sehr
misstraut, dass du aufstehen musst, um zu beweisen,
dass du wirklich nicht auf der Fernbedienung sitzt.

Vielleicht hilft es dir, mehr Raum für dich einzufordern,
zum Beispiel, dass du jeden Mittwochabend mindestens
zwei Stunden ganz alleine für dich sein darfst und er
sich an einem anderen Ort beschäftigen soll – und umgekehrt.
    Alles Liebe
    Paula«

Du hast nichts zu verlieren, wenn du wartest

Wenn du jung bist, dann kommt dir alles über 25 unglaublich alt vor. Wenn du dann 25 bist, denkst du, dass du mit spätestens 39 nicht mehr ausgehen kannst, ohne dass es peinlich wird. Dann bist du plötzlich Anfang 40 und fühlst dich immer noch wie 29, obwohl dich inzwischen wirklich jeder siezt, sogar die Kinder, die nach der Uhrzeit fragen. Und dann bist du plötzlich so alt, dass du im Auto die Musik leiser drehst, damit du besser sehen kannst.

Das mit der Musik ist wirklich ulkig. Ich meine, es macht wirklich für die Augen keinen Unterschied, aber trotzdem muss es unbedingt sein, vor allem beim Einparken. Apropos einparken: Ich hoffe, du bist ein so höfliches Wesen, dass du die Augen taktvoll zu Boden richtest, wenn jemand in deiner Nähe einparken will. Es geht nämlich nicht, wenn jemand zusieht, zumindest bei mir nicht. Es gibt noch ein paar Sachen, bei denen ich nicht sicher bin, ob sie noch jemand außer mir macht, aber wenn, dann freue ich mich.

✿ Ich lese die Zubereitungsanleitung auf einer Packung, werfe die Packung weg und hole sie dann wieder aus dem Müll, weil ich vergessen habe, wie die Zubereitung geht.

✿ Wenn sich jemand am Flughafen oder anderswo neben mich setzt und ich eigentlich gerade aufstehen wollte, dann warte ich ein paar Minuten, damit derjenige nicht denkt, ich wäre seinetwegen aufgestanden.

- ♣ Wenn ich beim Arzt ankreuzen muss, wie oft ich Alkohol trinke, nehme ich das Kästchen, neben dem »selten bis nie« steht. Ähem.
- ♣ Wenn mir jemand eine Geburtstagskarte schenkt, bin ich immer enttäuscht, wenn nicht wenigstens ein Fünfer drin liegt – obwohl ich weiß, dass ich zu alt für Geburtstagsgeld bin.
- ♣ Bevor ich auf die Toilette gehe, ziehe ich den Duschvorhang zurück, um sicherzugehen, dass kein Serienkiller dahintersteht.
- ♣ Ich schlafe auch im Hochsommer mit Decke, weil mich das Monster unter meinem Bett dann nicht so leicht kriegt, ha!
- ♣ Wenn mir im Restaurant ein Kellner »Guten Appetit« wünscht, sagt meine Gehirnzelle 1: »Sag – Danke.« Und meine Gehirnzelle 2: »Sag – Werde ich haben.« Mein Mund macht daraus 100-prozentig:»Du auch.«
- ♣ Ich sage mir seit ungefähr 20 Jahren: »Ab nächster Woche wird es ganz bestimmt ruhiger, dann mache ich die Steuer«, ohne dass es jemals ruhiger wird.

Ich weiß nicht, ob es dir auch so geht. Aber eines weiß ich sicher: Ein bisschen seltsam zu sein ist super. Es ist das, was dich von allen anderen unterscheidet. Nicht, weil du in einer bestimmten Weise ausgesehen hast oder besonders wohlerzogen warst. Die Menschen in deinem Umfeld werden dich genau für die Dinge in Erinnerung behalten, die du vielleicht peinlich oder albern oder uncool findest. Wenn du genau darüber nachdenkst, wirst du feststellen, dass es auch genau die Dinge sind, die du an anderen so magst. Weil die Momente, in denen wir unsere Maske fallen lassen, genau die sind, in denen wir am meisten wir selbst sind.

Falls du gerade individuell lebst, und dich fragst, wieso ausgerechnet du in der Situation bist, während um dich herum alle Nester bauen, dann hilft es dir vielleicht, wenn du weißt, dass du mehr Zeit bekommst, um an dir zu arbeiten. Und das ist ein Geschenk. Das Nachtigallenmännchen, das bis weit in den Sommer hinein singt, um noch ein Weibchen anzulocken, ist auf den ersten Blick vielleicht schlecht dran. Aber sein Gesang ist so wunderschön, dass er alle drum herum glücklich macht.

Nun bist du zwar kein Nachtigallenmännchen. Aber du hast jetzt Zeit, die allerbeste Version deiner selbst zu bauen. Ich schlage also vor, einfach zu warten. Du wartest, bis du in jeder Faser deines Körpers spürst, dass du aus gutem Grund wartest. Du wartest so lange, bis du wirklich weißt, dass es da draußen genau den Richtigen für dich gibt und dass du jetzt nichts überstürzen musst.

Es gibt den Menschen da draußen, der deiner würdig ist. Dessen du würdig bist. Und in der Zwischenzeit arbeitest du an dir, damit du bereit bist. Und dein zukünftiger Mensch arbeitet an sich. Und dann, wenn ihr fertig damit seid, werdet ihr euch treffen. Es wird passieren.

Während du wartest, darfst du deine Standards aber nicht senken. Arbeite weiter an dir und hab keine Angst, es wird passieren.

In der Zwischenzeit kannst du natürlich trotzdem alles machen und ausprobieren, was du möchtest. Du kannst weiter die falschen Leute daten, du kannst dich im falschen Job herumtreiben, du kannst dich hinsetzen und dir Erde in den Mund stopfen, wenn du willst. Das Universum lässt dich den größten Mist machen, ohne ein einziges Mal »Bist du dir da wirklich sicher?« zu rufen, bis du tief in dir bereit dazu bist, die entscheidenden Veränderungen vorzunehmen. Insofern ist die Geschichte absolut fair. Du bekommst das, was du bereit bist zu empfangen. Nicht mehr und nicht weniger.

Du hast nichts zu verlieren, wenn du in einer gesunden Beziehung bist

Eine Studie, die das Schlafverhalten von heterosexuellen Paaren untersucht hat, hat herausgefunden, dass es in Sachen Schlafqualität einen signifikanten Unterschied gibt. Männer schlafen mit Partnerin besser, Frauen hingegen ohne Partner. Das Ganze hat einen sehr ursprünglichen Hintergrund, der noch aus der Zeit der Jäger und Sammler stammt. Ist die Partnerin in der Höhle, muss der Mann nicht auf der Hut sein, um sie gegen mögliche Angriffe zu verteidigen und kann stattdessen ratzen wie ein Bär im Winterschlaf. Frauen wiederum sind mit etwas gesegnet, das sich Ammenschlaf nennt und dafür sorgt, dass sie mit halben Ohr ständig auf der Hut sind, falls ein Kind (oder ein schnarchender Mann) nach ihnen ruft. Diese Kombination ist sehr unglücklich und Ursprung von allerlei Zankerei. Aber abgesehen davon wirkt sich eine gute (!!!) Partnerschaft günstig auf die körperliche Gesundheit und die Zufriedenheit aus. Eine Untersuchung von 3,5 Millionen US-Amerikanern hat ergeben, dass diejenigen unter 50 Jahren in einer festen Bindung ein bis zu 12 Prozent geringeres Risiko für cardiovaskuläre Erkrankungen hatten als ihre alleinstehenden oder geschiedenen Mitmenschen – ihr Herz war also so viel gesünder, dass es statistisch tatsächlich einen Unterschied gemacht hat.

Und Liebe macht nicht nur gesünder, sondern auch weniger neurotisch. Eine Studie, die im *Journal of Personality* veröffentlicht wurde, hat 245 Paare über neun Monate begleitet und festgestellt, dass die Zuneigung des Partners Neurosen abschwächen und pessimistische Grundstrukturen in optimistische verwandeln konnte. Die Menschen werden also nicht nur gesünder, sondern auch angenehmer.

Nun ist mir klar, dass dir da draußen eine Menge Leute begegnen, die weder die Zeit haben noch das Reflexionsvermögen nutzen, um sich weiterzuentwickeln. Ich hoffe, dass dein Bauchgefühl inzwischen ein bisschen feiner eingestellt ist, aber wenn es noch nicht ganz klappt, dann mach dir bitte keine Vorwürfe. Gerade Frauen lernen häufig Männer kennen, bei denen noch nicht angekommen ist, dass schlechtes Benehmen nicht nur hässlich macht, sondern Männer ohne Bindung auch deutlich früher sterben als männliche Menschen es eh schon tun. Diese Männer, die auf den ersten Blick putzig sind, auf den zweiten aber einfach nur bindungsfeige, werden umgangssprachlich Fuckboys genannt.

Fuckboys sind so etwas wie »15 Tage kostenlos probieren«-Pakete des Universums – irgendwie ein netter Zeitvertreib, aber brauchen tut man die dann doch nicht wirklich. Wenn du zwanglosen Sex haben willst, dann such dir lieber jemanden im Freundeskreis als einen, der dir mit endloser Faselei und Dickpics den letzten Nerv raubt. Über das Phänomen Fuckboy (auch Fuckboi) habe ich neulich auch in meiner Kolumne geschrieben, weil ich festgestellt habe, dass wirklich viele Frauen von Begegnungen mit dieser Spezies geplagt werden.

Aber was ist ein Fuckboy eigentlich?

Grundsätzlich muss der Fuckboy sein Selbstwertgefühl aufpolieren, denn er hat keines. Es ist also ein übliches Vorgehen, mit Liebesbekundungen so großzügig umherzuspritzen wie ein Feuerwehrmann – der allerdings selbst die Brände legt. Dir zauberhafte Geschichten seines unendlichen Begehrens zu erzählen, hält ihn nicht davon ab, mit dem Handy in der Hand der Nächsten das Gleiche zu sagen. Fuckboys haben die perfide Fähigkeit, die standhafteste Frau weichzuquatschen, denn wer weiß? Vielleicht ändert er sich ja! Ohne dir die Story versauen zu wollen, muss ich dir schon das Ende verraten: Tut er nicht und wird er nicht.

Aber woran merkst du, dass du an einen geraten bist?

♣ Er fragt ständig nach Nacktbildern. Die sammelt er nämlich wie Trumpfkarten und zeigt sie ohne zu zögern all seinen Freunden, denn er ist wahnsinnig gierig nach Aufmerksamkeit.

♣ Selbst nach Monaten ist er immer noch nicht sicher, was das mit euch eigentlich ist. Eine Beziehung? Freundschaft plus? Wer weiß das schon? Und muss man denn immer alles irgendwie betiteln? Am Schluss kann er dann einfach davondackeln, weil ihr ja praktischerweise nie wirklich zusammen wart.

♣ Er vermeidet es, mit dir in der Öffentlichkeit gesehen zu werden. Zu Hause ist es doch viel schöner! Meistens ist er aber sowieso viel zu beschäftigt, hat hier und dort einen Termin und übrigens, bist du um ein Uhr morgens noch wach? Dann käme er gerne kurz vorbei, denn er vermisst dich so!

♣ Ziemlich sicher hat er noch nie in seinem Leben etwas durchgezogen. Studium? Puh, so anstrengend. Job? Ach, bei den heutigen Stundenlöhnen ... sag mal, kannst du mir übrigens was zu essen mitbringen, wenn du kommst?

♣ Ihr wart verabredet, aber es ist ihm wirklich, wirklich etwas dazwischengekommen. Scheint allerdings nicht sehr wichtig zu sein, denn er kann mühelos auf Insta zeitgleich um mehr Fotos betteln.

* All seine Ex-Freundinnen waren ausnahmslos total verrückt, was er nicht müde wird zu erwähnen. Ständig haben sie ihm Sachen unterstellt, die er nicht getan hat. Er tut wirklich nie etwas, zumindest nichts, was mit Verantwortung zu tun hat.

* Wenn du ihn mit etwas konfrontierst, gibt er dir recht. Im Grunde sagt er immer genau das, was du hören musst – um noch ein bisschen bei der Stange zu bleiben. Im wahrsten Sinne des Wortes.

* Nachdem du ihn endlich rausgeschmissen hast, weil er sich parallel noch mit anderen Mädchen trifft, gräbt er trotzdem an dir weiter. Du musst nämlich wissen, dass er sich noch bei keiner so verstanden gefühlt hat, wie bei dir.

* Er ist sich nicht sicher, ob du noch mal so jemand Tollen findest wie ihn. Überlege es dir noch mal. Und wenn du schon dabei bist, schick noch mal schnell ein Nacktfoto von deinen Brüsten. Bevor sie anfangen zu hängen, denn du bleibst nicht ewig so knackig, weißt du?

Ich glaube, Fuckboys gab es immer schon, nur haben wir heute Namen für die Phänomene, die dafür sorgen, dass man sich so unendlich kacke fühlt. Ich werde häufig gefragt, woran man merkt, dass man in einer guten Beziehung steckt. Und ebenso häufig, wann man spürt, dass eine Beziehung so zu Ende geliebt ist, dass es für beide besser ist sich zu trennen.

Der Psychiater C.G. Jung hat einmal gesagt: »Das Treffen zweier Persönlichkeiten ist wie der Kontakt zweier chemischer Substanzen. Wenn es eine Reaktion gibt, werden beide transformiert.« Ich glaube, dass darin eine ganz große Kernwahrheit einer guten Beziehung liegt. Meiner Meinung nach geht es nicht mehr darum, denjenigen zu finden, mit dem man bis ans Ende aller Tage glücklich ist wie im Film. Das gibt es nicht. Eine echte Beziehung ist wie ein Segeltörn auf die andere Seite des Ozeans. Mal hast du Wind, mal keinen und zwischendrin wird vielleicht sogar das Wasser in den Kanistern faulig. Aber du fährst trotzdem weiter, weil du Lust hast, gemeinsam das Ziel zu erreichen. Eine Beziehung ist so lange lebendig, wie man einander vertraut, sich verstanden, geliebt und loyal behandelt fühlt und dem anderen das Gleiche zurückgibt. Und vor allem die innere Freiheit hat, gemeinsam zu wachsen. Und Liebe bedeutet dann eben auch, den anderen freizugeben, wenn klar wird, dass seine Entwicklung eine andere Reiseroute nimmt als deine. Manche Geschichten sind irgendwann zu Ende geliebt, und das ist okay so.

Eine schlechte Beziehung ist die, bei der mitten auf See der Mast bricht und beide dennoch so tun, als hätten sie eine Chance, das gemeinsame Ziel zu erreichen. Obwohl beide Durchfall von dem fauligen Wasser in den Kanistern bekommen, tun sie so, als hätten sie immer noch vollen Wind in den Segeln. Aber so sehr sie sich auch bemühen, den Schein aufrecht zu halten, desto gewisser ist, dass sie den Hafen niemals erreichen werden. Für gewöhnlich wissen die Betroffenen intuitiv, was die richtigen Schritte wären, nämlich eine ernsthafte Unterhaltung und Trennung in gegenseitigem Respekt. Dennoch halten viele den Zustand über Jahre, bis der Leidensdruck unerträglich ist oder ein schnittiges Fluchtfahrzeug vorbeigesaust kommt, auf das man aufspringen kann.

Bei vielen Menschen, die tief im Bauch spüren, dass dieses Schiff nicht das richtige ist und sich trotzdem nicht von Bord bewegen, kommt eine Beziehungsabhängigkeit dazu. Beziehungsabhängigkeit ist ein so komplexes Thema, dass ich allein darüber ein ganzes Buch schreiben könnte. Etwas kürzer zusammengefasst äußert sich dieses Phänomen in praktisch jeder Beziehung, die die Betroffenen je in ihrem Leben eingehen.

Beziehungsabhängigkeit ist ein Selbstwertthema und hat ihren Ursprung ganz klar in der Kindheit. Wenn es in dieser Zeit nämlich keine klaren Grenzen gab, an denen sich ein Kind orientieren kann oder aber wenn diese Grenzen verletzt werden, führt das dazu, dass sich das Kind von den eigenen Bedürfnissen abspaltet und nur noch im Außen agiert. Anstatt also ein Gefühl für das Selbst zu entwickeln, wird das Kind alles tun, um den Ansprüchen anderer zu genügen und seinen Wert nur noch aus dem Feedback anderer ziehen. »Du bist aber brav« ist ein Satz, den diese Kinder sehnsüchtig erhoffen.

Wenn solche Kinder Erwachsene werden, ändert sich im Grunde nicht viel. Da es dem Beziehungsabhängigen nur darum geht, wie andere ihn sehen, führt der Mangel an Grenzen dazu, eher »Ist es so richtig?« zu fragen statt »Wie geht es mir eigentlich damit?«.

Wer das Gelingen seines Lebens aber in die Hände eines anderen legt, kann sich auf einen Ritt gefasst machen, bei dem ein einzelner Anschnallgurt bei Weitem nicht ausreicht.

Wie die Außenwelt den Beziehungsabhängigen sieht, ist für ihn die ultimative Wahrheit: So bin ich also. Und weil es so wichtig ist, diese Außenwahrnehmung zu kontrollieren, gibt es keinen Raum mehr, um sich selbst wahrzunehmen. Der Satz »Wie ich glaube, dass du über mich denkst, ist wie ich mich mit mir fühle« beschreibt es ziemlich gut. Es ist ein sehr unangenehmer Kreislauf.

Glaubst du, dass Beziehungsabhängigkeit dein Thema sein könnte?

🍀 Ohne Beziehung fühlst du dich minderwertig und bist darum bereit, auch mit eigentlich nicht passenden Menschen eine Partnerschaft einzugehen – irgendeiner ist besser als keiner. Denn du brauchst unbedingt jemanden, der deinen Wert bestätigt. Das kannst du selbst gar nicht oder nur unzureichend.

🍀 Du achtest in jedem Augenblick darauf, wie du auf andere wirkst oder wirken könntest.

🍀 Du tust dir wahnsinnig schwer damit, Grenzen aufzuzeigen. Scheinbar einfache Sätze wie »Das möchte ich nicht« oder »Ich habe keine Lust dazu« haben für dich eine riesige Bedeutung. Du fragst dich, ob du das Recht hast abzusagen, und wie sich der andere dabei wohl fühlt. Begleitet wird das Ganze von Scham- und Schuldgefühlen.

♣ Wenn jemand anderes Grenzen zieht, also zum Beispiel »Ich habe heute keine Lust« formuliert, ist das für dich gleichbedeutend mit »Ich werde nicht geliebt« oder »Niemand mag mich«.

Beziehungsabhängigkeit ist weit verbreitet und wirklich nichts, wofür man sich schämen muss. Aber es ist ein Thema, das man sich unbedingt ins Bewusstsein holen muss, damit man daran arbeiten kann. Was dir helfen wird, ist die Beziehungsabhängigkeit ganz auf deine Bewusstseinsebene zu holen und dir wieder und wieder klarzumachen, dass du weder performen noch darum kämpfen musst, geliebt zu werden. Und jetzt, wo du nicht mehr perfekt sein musst, kannst du endlich anfangen, gut zu sein.

SAG'S DIR LAUT: Ich gebe den Menschen die Erlaubnis, mich falsch einzuschätzen und verstehe, dass ihre Meinung nicht meine Persönlichkeit ausmacht.

Viele Studien haben untersucht, inwieweit der Mensch Entscheidungen bewusst trifft und wie viel vom Unterbewusstsein gesteuert wird. Die Zahlen variieren zwischen 5 und

20 Prozent für das Unterbewusstsein, was im Grunde keinen großen Unterscheid macht. Wir handeln nicht viel anders als die Tiere im Wald nach Prozessen, über die wir uns nicht im Geringsten klar sind. Da stellt sich natürlich auch die Fragen, inwieweit der Mensch in Beziehungsfragen vertrauenswürdig ist. Was uns aber auf jeden Fall bei der Entscheidungsfindung hilft, ist zu reflektieren. Wenn wir über Abläufe, die wir unbewusst durchleben, zum Beispiel Beziehungsmuster oder Ängste, viel nachdenken, können wir die Intention dahinter entdecken. Und ist die ans Tageslicht geholt, können wir das unbewusste Verhalten durch bewusstes ersetzen und alte Muster überschreiben wie bei einer Neuprogrammierung.

🍸 Date mit DIR: Führe ein Beziehungsgespräch – mit dir selbst!

Eine Übung, die du häufiger machen solltest, ist das Beziehungsgespräch mit dir selbst. Richte dir das gerne als festen Termin im Kalender ein und nimm dir ausreichend Zeit dafür. Du kannst das gerne täglich, an einem bestimmten Tag in der Woche oder immer an einem bestimmten Tag im Monat machen, je nachdem, wie viel Gesprächsbedarf du hast. Stell dir Fragen, die du in einem Partnergespräch auch stellen würdest. Wo habe ich mich diese Woche beziehungsdienlich verhalten? An welchen Stellen habe ich den anderen verletzt und wann habe ich das unbewusst, wann bewusst getan? Wo habe ich mich illoyal verhalten und weiß ich, warum ich das getan habe? Wie habe ich mich dabei gefühlt? Wie anschließend? Was könnte ich zukünftig besser machen? Wo gibt es noch Lernbedarf?

Bonusfrage: Warum mache ich das, obwohl ich es besser weiß?

»Liebe Paula,

ich glaube, ich habe es endlich verstanden! Früher habe ich mich verbogen wie eine Leistungsturnerin, obwohl ich in Wahrheit nicht mal einen Handstand hinkriege. Mal im Ernst. Ich habe für den Typen die Haare lang getragen, weil er das schöner fand, ich habe enge Jeans getragen, weil er es mochte und bin in die Pampa gezogen, damit mich ja keine anderen Männer anschauen. Ich habe seine Minderwertigkeitskomplexe ungefragt angenommen und habe bis zur Selbstaufgabe versucht, sie auszugleichen. Schließlich war er doch so ein toller Mann! Und die ganze Zeit über hatte ich Selbstzweifel, warum ich ihn nicht glücklich machen konnte. Verrückt, oder?

Liebe Grüße

Jenny«

»Liebe Jenny,

das ist überhaupt nicht verrückt, sondern ganz normal. Man kann ja nicht weiter springen als es der Trainingszustand zulässt. Deine Zweifel sind ja nicht die Wahrheit, sondern ein cleverer Trick des Gehirns, um sich und dich

zu schützen. Wenn du »Wer bin ich schon« oder »Es
macht doch sowieso keinen Sinn, wenn ich es versuche«
denkst, dann fühlt sich die Seele sicher, weil sie genau
weiß, was kommt. Der Weg ist vorhersehbar – du kannst
es wirklich nicht, denn das haben du und dein Hirn von
klein auf gelernt und verinnerlicht. Angstbasierte Gedan-
ken zu haben ist für dich der Normalzustand gewesen.
Sobald du dich von diesen vorgetrampelten Pfaden weg-
bewegst, indem du zum Beispiel darüber nachdenkst, ob
dein Unwohlsein vielleicht doch am anderen und seinen
Komplexen liegt, reagiert das Unterbewusstsein mit
Panik: »Momentchen mal, so haben wir nicht gewettet!
Wir hatten uns doch darauf geeinigt, dass immer du
schuld an allem bist!« Selbstzweifel sind also nichts
weiter als eine Abwehrreaktion. Es hilft, wenn du sie als
genau das akzeptierst. Lass sie ein bisschen strampeln,
versuch, ihnen die Angst zu nehmen – und geh weiter
auf deinem neuen Weg.

   Alles Liebe
   Paula«

Du hast nichts zu verlieren, wenn du dein inneres Kind in den Arm nimmst

Dein inneres Kind ist der Anteil in dir, der durch seine große
Sehnsucht nach Liebe dein ganzes Handeln und die Art, wie
du dich behandeln lässt, mitbestimmt. Viele Psychologen

arbeiten inzwischen mit der Heilung des inneren Kindes und das finde ich richtig gut. In manchen Kreisen hat sich aber eine richtige Besessenheit breitgemacht was das Thema betrifft, und ich habe das Gefühl, dass die Klienten dieser Leute vor lauter Innerer-Kind-Partys bald anfangen, mit einem Schnuller im Mund herumzulaufen.

Die Arbeit am inneren Kind setzt da an, wo es eine Diskrepanz gibt zwischen dem, was man als Erwachsener aus Erfahrung und Reflexion weiß und dem, was man als Kind gefühlt hat. Es geht also um die Frage, wie sehr man als Kind Zuwendung erfahren hat und in den Bereichen Intuition, Trauer, Schmerz, Wut, Fröhlichkeit und Glücksempfinden ernst genommen und bestärkt wurde. Anders formuliert: Du weißt rational, dass deine Eltern dich scheiße behandelt haben, weil sie es nicht besser konnten, du sehnst dich aber trotzdem nach ihrer Liebe und Geborgenheit – obwohl du weißt, dass sie dir genau das nicht geben können.

Die meisten Leute wissen, was sie tun müssten, um ihr Leben herumzudrehen, aber es fühlt sich nicht organisch an, weil sie es nicht in ihrem Bauch spüren können. Darum ist es wichtig, in diese Leere einen großen Teddybären hineinzustopfen, der dem inneren Kind hilft zu verstehen und diesen wahnsinnigen, absolut berechtigten Schmerz endlich loszulassen. Denn nur dann kann man anfangen, so richtig nach vorne zu leben.

Die Arbeit daran ist sehr tränenreich, aber wahnsinnig erleichternd. Es geht im Grunde darum, sich mit den Gefühlen, von denen man abgeschnitten war, wieder zu vereinen. Während dieses Prozesses wird eine Menge Schmerz und Trauer an die Oberfläche gespült. Gerade wenn du als Kind traumatische Erfahrungen gemacht hast, kann es sein, dass du Teile deiner Erinnerung in sichere Schränke verpackt hast, an die niemand herankommt. Aber dein Körper hat diese Erlebnisse niemals vergessen. Du spürst, dass da etwas ist. Und darum ist es so wahnsinnig wichtig, dem Kind in dir die Chance auf Wiederanschluss und Vervollständigung zu geben, damit du kein bruchstückhafter Erwachsener bist, sondern ein vollkommener.

Es ist gut möglich, dass dir diese Rückverbindung mit deinem inneren Kind peinlich und albern vorkommt. Das Ego hat eine Menge Tricks im Ärmel, um alles so zu lassen, wie es ist. Das macht aber nichts. Du hast schon Unangenehmeres gemacht!

Mir persönlich hat es sehr geholfen, mir mein inneres Kind richtig lebendig vorzustellen. Zu meiner Überraschung ist meines neonblau und leuchtet im Dunkeln, was ein bisschen merkwürdig aussieht, aber immerhin kann ich es so gut sehen. Am besten, du setzt dich auf ein gemütliches Kissen wie bei einer Meditation und sagst dir folgende Sätze. Nach jedem Satz spürst du eine Weile in dich hinein, bis du ganz klar fühlst.

- ♣ Ich sehe und spüre dich und nehme all deine Gefühle wahr.
- ♣ Jedes deiner Gefühle hat das Recht zu sein und ist gut und richtig.
- ♣ Ich bin hier bei dir und ich werde dich beschützen.
- ♣ Ich sehe alles, was du erlebt hast.
- ♣ Deine Gedanken sind wertvoll.
- ♣ Ich nehme deine Bedürfnisse und Grenzen wahr und werde sie beschützen.
- ♣ Um wertvoll zu sein, musst du keine Leistung erbracht haben, du bist immer wertvoll.
- ♣ Ich verstehe dein Verhalten und halte es in Ehren.
- ♣ Das alles ist neu für mich, aber ich nehme mir die Zeit für deine Heilung.

. . . .

📢 **SAG'S DIR LAUT:** Ich darf Nein zu allem sagen, was meiner Weiterentwicklung nicht dienlich ist, ohne mich dafür rechtfertigen zu müssen.

. . . .

Bonusfrage: Was, wenn ich einfach traurig und verletzt bin – inneres Kind hin oder?

»Liebe Paula,
ich bin wahnsinnig unglücklich. Mein Freund hat nach fünf Jahren aus dem Nichts mit mir Schluss gemacht. Nach der Trennung kam heraus, dass er ein richtiges

Doppelleben geführt hat. Inzwischen hat er endlich eine
Therapie angefangen, wie ich es ihm all die Jahre ans
Herz gelegt habe. Er sagt, dass er an seinem inneren
Kind arbeitet, aber ich verstehe einfach nicht, was
das damit zu tun hat, dass er sich wie ein verlogenes
Arschloch verhalten hat. Ich fühle mich doppelt
betrogen!
    Liebe Grüße
    Melanie«

»Liebe Melanie,
Menschen sind kompliziert. Es tut mir leid, dass dich
die Trennung so aus dem Nichts erwischt hat. Vielleicht
fallen dir auch in ein paar Jahren Warnzeichen ein, die
du vielleicht übersehen hast. Vielleicht aber auch nicht,
ist auch egal. Ich weiß nicht, ob das auf deinen Freund
zutrifft, aber es gibt Menschen, die so viel Angst vor
Konflikten haben, dass sie lieber so tun, als wäre alles
super, als ihre wahren Gefühle zu zeigen. Die Menschen
haben große Angst davor, dass die wahre Version ihrer
selbst, also eine mit Fehlern und Vergehen, nicht liebenswert ist. Man kann das gut an dem Beispiel eines Kindes
zeigen, dessen Zuhause der absolute Horror ist, das aber
in der Schule angepasst, kompetent und strebsam ist,
um dort den Mangel an Anerkennung von Zuhause auszugleichen. Wenn dieses Kind erwachsen wird und Erfolg
mit dieser Strategie hatte, wird es einen Teufel tun, das
zu ändern. Erwachsen hält es so lange die Klappe, bis

der innere Druck zu groß wird und es nicht mehr anders
kann, als für das Umfeld überraschend auszubrechen.
Das Problem ist, dass selbst wenn du daran arbeiten
wirst, dein Freund immer noch panische Angst vor
Konflikten hat, es wird also kein gemeinsames Arbeits-
feld geben. Die Lösung wäre, dem anderen ganz sachte
klarzumachen, dass es einen Raum für Fehler, Unvoll-
kommenheiten und Versäumnisse gibt und diese nicht
dazu führen, dass die Liebe entzogen wird. Es ist gut,
dass er an seinem inneren Kind arbeitet, wenngleich
es für eure Beziehung möglicherweise zu spät kommt.
Eine gute Paartherapie kann in solchen Fällen Wunder
bewirken, dies nur, falls du noch mal an einen mit ähn-
licher Problematik gerätst.
   Auf in die Zukunft!
   Alles Liebe
   Paula«

🍸 Date mit DIR: Was sagt dir dein Ego? Hör nicht drauf!

Das Ego ist nonstop damit beschäftigt, Storys zu spinnen, um dich schön in der bekannten Umlaufbahn zu halten. Auf seinem T-Shirt steht mit fetten Buchstaben: »Hey, das haben wir immer schon so gemacht!« und genau das ist auch sein Lebensmotto. Dein Ego flüstert dir eine Menge Halbwahrheiten ein, die dafür sorgen, dass du dich zwar geborgen, aber doch irgendwie unwohl fühlst. Du weißt, dass irgendetwas nicht stimmt, aber das Ego flüstert dir »Nein, nein, vertrau mir, alles in bester Ordnung« ins Ohr wie ein ekliger Entführer. Zeit also, die ganze Sache umzudrehen!

Im Grunde hat das Ego ja recht, denn es möchte uns in Sicherheit wissen. Aber wie bei der Hexe mit dem Knusperhaus lohnt es sich durchaus, die Motive dahinter zu erfragen. Die gute Nachricht ist, dass du dein Ego austricksen kannst, indem du seine Botschaften einfach umformulierst!

Statt auf das Ego zu hören, sagst du künftig einfach:

»Ich habe schon wieder alles falsch gemacht.« → »Oh, toll, eine Situation mit Lernpotenzial!«

»Immer verliere ich, das Leben ist einfach ungerecht.« → »Das war genau die Lektion, die ich gebraucht habe, um mich weiterzuentwickeln.«

»Die anderen sind schon längst Hausbesitzer mit Hund.« → »Auf meiner eigenen Reise bin ich in meinem eigenen Tempo unterwegs und genau da, wo ich hingehöre.«

»Sie war gemein zu mir.« → «Sie war gemein zu sich selbst, weil sie so lieblos gehandelt hat.«

Schreib dir weitere Sätze deines Egos auf und schreibe sie zu echten Wahrheiten um!

Du hast nichts zu verlieren, wenn du aus toxischen Beziehungen aussteigst

Toxische Beziehungen gibt es bei jedem Geschlecht und ich möchte annehmen, auch in jeder Kultur. In der Filmindustrie werden sie verharmlost und sogar als romantisches Ideal dargestellt, zum Beispiel in *After Truth*, die Beziehung von Jackson und Ally in *A Star Is Born* oder, bei genauerer Betrachtung besonders eklig, die von Danny und Sandy in *Grease*. Nicht nur, dass Sandy dem Gruppenzwang nach- und ihre eigenen Werte *auf*gibt, sie macht das Ganze auch noch für einen Typen, der so unsicher ist, dass er nur mit ihr gesehen werden will, wenn all seine Kumpels sie auch heiß finden.

Es gibt ja die Theorie, dass Frauen glücklicher wären, wenn es keine Männer gäbe. Während ich da nicht so ganz daran glaube, muss ich an eine Umfrage denken, die jemand auf Twitter gestartet hat: »Männer, was würdet ihr tun, wenn es für 24 Stunden keine Frauen auf der Welt gäbe?« Die meisten Antworten drehten sich darum, Spaß zu haben. »Ich würde mit meinen Freunden die Nacht durchzocken«, »Ich würde mich besaufen«, »Ich würde zocken und kiffen« und so weiter. Dann wurde die gleiche Frage den Frauen gestellt. Ihre Antworten zeigen, unter was für einem Druck wir tagtäglich leben, ohne es so richtig zu realisieren und vor allem ohne dagegen zu protestieren. »Ich würde anziehen, was ich will und nachts alleine durch den Park spazieren«, »Ich würde meinen Minirock tragen und abends zu Fuß nach Hause gehen«, »Ich hätte keine Angst mehr«, »Ich würde endlich machen, was ich will«. Die meisten Antworten drehten sich um das Gefühl der Sicherheit, das Frauen dann hätten und gibt einen kleinen Einblick darüber, wie beschissenen es heute immer noch ist, eine Frau in einer Welt zu sein, in der nach einer Vergewaltigung nicht der Täter gefragt wird, warum er vergewaltigt hat. Sondern die Frau, was sie getan hat, um die Vergewaltigung zu ermöglichen. Die Frage: »Was haben Sie getragen, als es passierte« gehört verboten und ist Ausdruck der riesigen Schweinerei dieses Täter schützenden Systems.

Scham ist ein riesig großes Thema. Nicht nur bei körperlichen, sondern auch bei psychischen Übergriffen. »Wie konnte mir das passieren« und »Wieso habe ich das nicht früher bemerkt« sind nur zwei der Fragen, die immer wieder auftauchen, wenn es um toxische Beziehungen geht.

Viele meiner Klienten sind sich nicht sicher, ob sie wirklich in ungesunden Verbindungen stecken, oder ob es sich einfach nur blöd anfühlt. Es ist ein Irrglaube, dass jeder Missbrauch körperlicher Natur sein muss. Manche Beziehungen sind so subtil grausam, dass man es gar nicht merkt. Ob du in einer steckst? Über den Daumen gepeilt kannst du davon ausgehen, dass du, wenn du zu größeren Teilen unglücklich als glücklich bist, ziemlich sicher in einer toxischen Beziehung bist (und zwar mindestens mit dir selbst). Willst du es genau wissen? Dann schau mal, ob ein paar oder sogar alle dieser Punkte auf deine Beziehung zutreffen.

♣ **Gaslighting**. Das ist ein recht neuer Begriff: Er beschreibt den Zustand, wenn der Partner versucht, deine Wahrnehmung der Realität zu verwässern oder als völlig irre darzustellen. »Das bildest du dir nur ein« ist ein Anfang, »Du bist ja verrückt« und »Ich war nie in Bad Godesberg, ich weiß nicht, wen du da gesehen haben willst« eine schlagkräftige Weiterführung. Was auf dem Papier harmlos aussieht, führt in der Praxis dazu, dass Opfer wirklich den Bezug zur Realität verlieren und sich von sich selbst abspalten.

♣ **Lovebombing**. Häufig wird Lovebombing von Narzissten benutzt, um eine Person an sich zu binden, bevor dann die wahre Intention dahinter zum Vorschein kommt. Die Taktik wird auch von Gang-Mitgliedern und Zuhältern in späterer Kombination mit der Androhung von Gewalt benutzt. Erst wird das Opfer mit Komplimenten und Aufmerksamkeit überschüttet, um das Selbstwertgefühl künstlich zu steigern. Anschließend wird durch Liebesentzug eine Abhängigkeit hergestellt, aus der es sehr schwer ist, sich zu befreien. Typisch für Lovebombing sind übertriebene Ausdrücke der Zuneigung, wie zum Beispiel »Ich habe mich noch nie jemandem so nah gefühlt«, »Du bist die Schönste, die ich je gesehen habe«, »Wahnsinn, wie ich mich dir anvertrauen kann, so offen war ich noch nie« oder »Ich habe noch nie jemanden getroffen, der so perfekt ist«. Das Bombardement findet 24/7 statt und über jeden erdenklichen Kanal.

♣ **Abwertung**. Dein Partner sorgt dafür, dass du dich dumm fühlst. Egal worum es geht, irgendwie weiß dein Partner nicht unbedingt alles besser, aber er weiß ganz sicher, dass du es *nicht* weißt. Diese Art Misshandlung hat nur den Zweck, dein Selbstverständnis zu untergraben und dich der Lächerlichkeit preiszugeben – um das Ego deines Partners zu stärken. Es mag nicht unbedingt freiheraus »Du bist wirklich dämlich« sein, aber »Du kapierst wirklich gar nichts« oder »Na, in der Schule wohl nicht aufgepasst« führt garantiert dazu, dass du dich fühlst, als wärst du durch den Fleischwolf gedreht worden.

* **Kontrolle**. Es passt ihm einfach nicht, was du anhast. »Meine Partnerin trägt so was ganz bestimmt nicht«, sagt er und »Nein, zu so einer Party gehst du ganz bestimmt nicht«. Überhaupt findet er auch deine Freunde doof. Warum willst du überhaupt jemand anderen treffen, du hast doch jetzt ihn! Übrigens er möchte auch gerne deine Bankdaten, denn das regelt er jetzt auch für dich.

* **Unfreiwilliger Sex**. Beim Sex traust du dich einfach nicht, Nein zu sagen, obwohl du keine Lust hast oder er Praktiken vorschlägt, die du nicht magst. Am Ende gibst du nach, weil er dir sagt, dass er dich sonst verlässt, dass all seine Ex-Freundinnen das auch gemacht haben, dass er wirklich enttäuscht von dir ist. So wirst du vergewaltigt, ohne es zu merken.

* **Körperlicher Zwang**. Du bekommst keine Schläge ins Gesicht, aber wenn ihr streitet, hält er dich fest, angeblich, um dich zu beruhigen. Wenn deine Freundinnen dich nach den blauen Flecken fragen, lügst du und sagst, dass sie im Spaß entstanden sind.

* **Erpressung**. »Wenn du das nicht machst, dann liebst du mich nicht richtig.« Schon mal gehört? Wie wäre es mit »Ich verlasse dich, wenn du das nicht tust?«

* **Zersetzung**. Wenn dir etwas Tolles passiert, zum Beispiel eine Beförderung, dann fängt er einen Streit an, um dich herunterzu-

machen. Am Schluss bist du ziemlich sicher, dass du die Beförderung wirklich nicht verdient hast.

* **Du bist schuld**. Wenn dein Partner ausrastet, dann bist du nicht schuld, auch wenn du das glauben sollst. Du hast weder »nur darauf gewartet«, noch ihn »einfach verrückt gemacht«.
* **Gewalt**. Du wirst geschlagen oder aber Objekte werden geschlagen oder geworfen. Die Botschaft dahinter ist klar. Die Handlung soll dich einschüchtern, Stärke demonstrieren und dir klarmachen, dass du als Nächstes dran sein könntest.
* **Leere Beteuerungen**. Sobald etwas Schlimmes passiert, verspricht dir dein Partner, dass er sich bessern und so etwas nicht noch mal passieren wird. Es wird aber wieder passieren, darauf kannst du dich verlassen.

Wenn du in einer Beziehung bist, in der auch nur einer dieser Punkte zutrifft, dann hol dir Hilfe. Manchmal merkt man nicht, dass man wie ein Kürbis ausgehöhlt wird, weil das Messer, mit dem geschält wird, so winzig klein ist.

. . . .

📢 **SAG'S DIR LAUT:** Du kannst niemanden zwingen, die Verantwortung für sein Handeln zu übernehmen. Du kannst ihn auch nicht ändern. Verantwortung für das eigene Handeln zu übernehmen, ist ein Prozess, der nur aus dem Inneren und nicht von außen gesteuert werden kann. Das ist ein Wunsch, der nicht in jedem wächst. Es lohnt sich also nicht, darauf zu warten. Geh weiter auf deinem Weg!

. . . .

Du hast nichts zu verlieren, wenn du während der Partnersuche heilst

All die falschen Annahmen über sich wieder zu *ent-lernen* und stattdessen sein wahres Ich zu *ent-decken,* kann viele Jahre in Anspruch nehmen. Es ist eine Wanderung, kein Spaziergang. Wenn du meinen Podcast regelmäßig hörst, dann hast du sicher mitbekommen, dass ich manchen Menschen dazu rate, nicht nach einem Partner zu suchen, sondern sich erst mal um sich zu kümmern. Ich sage das denjenigen, die gezeigt haben, dass sie sich mit Dating davon ablenken, ihre Baustellen anzuschauen und stattdessen aus Mangel an Reflexion Menschen anlocken, die sie tiefer und tiefer verletzen

Es gibt aber auch viele Menschen, die können beides. Und eine Beziehung, also einen Spiegel zu haben, kann ein gutes Werkzeug dafür sein, die Reparaturmaßnahmen viel schneller fertigzustellen. Zu welcher Gruppe du gehörst, kannst nur du entscheiden. Ich habe meine letzte Beziehung von Anfang an paartherapeutisch begleiten lassen und das war so ziemlich die beste Idee, die ich jemals in einer Partnerschaft durchgezogen habe.

Ich sehe aber ein, dass nicht jeder Lust darauf hat und es geht natürlich auch ohne. Es ist jedoch wichtig, dass du dir wirklich darüber im Klaren bist, *wer* du bist, gerade wenn in deiner Kindheit deine Bedürfnisse nicht wahrgenommen wurden. Denn als Erwachsener wirst du automatisch versuchen, diesen Mangel auszugleichen, indem du genau diese Bedürfnisse durch eine Partnerschaft zu befriedigen versuchst. Diese Art Projektion führt dazu, dass wir von unseren Partnern wahre Wunder erwarten. Denn eigentlich müssten sie doch wissen, was wir uns wünschen, was wir meinen, was wir uns im tiefsten Inneren ersehnen. Und frustrierenderweise tun sie das nicht. Haben keine Ahnung, was wir denken. Oder warum wir schmollen. Eine Frau, die sagt, dass dem nicht so ist, ist wie ein Zahnarzt, der sagt, dass es gewiss nicht wehtut. Es stimmt einfach nicht.

Aber ein Partner ist kein Ersatz für Eltern, die versagt haben. Kann er auch gar nicht sein. Leider ist es genau diese fehlerhafte Erwartungshaltung, die häufig dazu führt, dass echte Beziehung, richtige Connection gar nicht möglich ist. Um den Raum dafür freizumachen, müssen ein paar Punkte klar sein:

* Anstatt zu erwarten, dass dein Partner deine Bedürfnisse befriedigt, musst du deine Bedürfnisse verstehen lernen.
* Anstatt dich mit unpassenden Partnern in Wechselbäder der Gefühle zu werfen, muss dir klar sein, dass du dich sicher fühlen musst, um dich fallen zu lassen.
* Anstatt die Muster deiner Familie zu wiederholen, sollst du bewusst Pläne machen für deine eigene, zu dir passende Geschichte.
* Anstatt dich selbst für deine Fehler fertigzumachen, musst du lernen, dir zu vergeben.

Du bist jetzt an einem Punkt in deinem Leben, an dem du wirklich die Hosen herunterlassen musst. Falls du Angst davor hast, bitte ich dich, dir Folgendes vorzustellen: Wenn du die Hosen nicht herunterlässt, kackst du dich ein. Ich nehme mal an, dass dir das nicht so angenehm wäre.

Nicht jeder hält dich mit heruntergelassenen Hosen aus, das haben wir schon besprochen. Aber du willst ja jetzt sowieso einen Partner, mit dem du wachsen kannst, also ist das wirklich egal.

Ab jetzt wird es also ein bisschen substanzieller. Neben dem üblichen Small Talk und den »Wen mochtest du lieber, NSYNC oder Backstreet Boys?«-Gesprächen kannst du im Laufe der Zeit ein paar tiefgründige Fragen einfließen lassen, die nicht nur zeigen, mit wem du es zu tun hast, sondern auch dafür sorgen, dass du über dich selbst weiter nachdenkst, und zwar auf die heilende Art.

- ♣ Was war die wichtigste Lektion, die du über dich in den letzten 12 (24, 36 ...) Monaten gelernt hast?
- ♣ Was sind Grenzen in deinem Leben, die du ohne Probleme setzen kannst?
- ♣ Bei welchen hast du Schwierigkeiten?
- ♣ In welchem Bereich deines Lebens wächst du gerade besonders stark?
- ♣ Ist es der gleiche, an dem du auch arbeitest?
- ♣ Wann war das letzte Mal, dass du etwas Neues ausprobiert hast?

* Mit wem vergleichst du dich manchmal?
* Welches war die schwierigste oder schmerzhafteste Lektion, die dich das Leben gelehrt hat?
* Was ist für dich der Hauptsinn einer Beziehung?

Ich habe das Gefühl, dass ich dich damit erst mal ins Leben entlassen kann. Was meinst du?

Wobei, eine kleine Idee hätte ich noch.

Deine Taschenlampe

Auf jeder Wanderschaft gibt es den Moment, an dem die Sonne untergeht und du das Gefühl hast, die Welt versinkt in Dunkelheit. Und darum bekommst du zum Abschied von mir noch ein kleines Licht in die Hand gedrückt.

Ich muss ehrlich sagen, dass ich es richtig schön mit dir fand. Das war doch ein toller Trip, oder nicht? Was wir alles gesehen haben! Wenn ich mich jetzt von dir verabschiede, dann wird das kein Abschied für immer. Wir sehen und hören uns ja ganz bestimmt. Besuch mich doch bitte auf meiner App! Aber mein Weg führt jetzt hier links entlang und du gehst weiter geradeaus. Unsere gemeinsame Wanderung ist ja nur eine von vielen, die wir unternehmen. Jede Entscheidung, die du oder ich treffen, führt uns zu neuen Wegen, jedes Erlebnis auf weitere Pfade. Das ist für mich das Leben, dieses weiche Auf und Ab, dieses Mal auf federnden Tannennadeln wandern, mal über herausstehende Wurzeln stolpern. Ich finde es einfach herrlich! Und falls du jetzt denkst: »Bah, dieses Wandern ist mir viel zu anstrengend, das mache ich aber nicht noch mal«, dann hoffe ich, dass ich dich vom Gegenteil überzeugen kann.

Denn mit jeder noch so kleinen Bewegung, mit jedem Gang wirst du fitter werden und mit jedem Mal fühlt sich dein Rucksack leichter an, weil du schon so viele Muskeln aufgebaut hast. Und irgendwann wachst du morgens auf, schmeißt dir dein Bündel auf den Rücken und freust dich einfach unbändig auf den Weg, der vor dir liegt. Da warte ich auf dich.

Eine Sache noch. Viele fragen mich, wo sie einen guten Therapeuten oder eine gute Therapeutin finden. Es ist knifflig, das gebe ich zu. Aber es ist nicht unmöglich. Wenn du ein paar Tricks beachtest und eine tiefsitzende Hartnäckigkeit entwickelt, findest du einen guten Platz. Damit es dir leichter fällt, habe ich ein paar Strategien und Tipps für dich zusammengetragen. Das Wichtigste dabei ist wirklich, sich darauf einzustellen, dass es nicht einfach ist. Aber es ist machbar und das ist gut genug.

1. Achte bei der Suche auf dein Bauchgefühl. Selbst, wenn du in Sachen Intuition noch nicht sehr trainiert bist, weißt du instinktiv, ob die Person dir geheuer ist oder nicht. Es lohnt sich, wie in der Liebe auf die richtige Person zu warten. Leider gibt es eine Menge wirklich mieser Therapeuten da draußen, die den Job vor allem deshalb machen, weil sie ihr eigenes Trauma nicht überwunden haben und in einen Stellvertreterprozess mit ihren Klienten einsteigen. Achte auf die Wortwahl. Nichts gegen Esoterik, aber wenn es zu abgedreht und kosmisch wird, ist die Person vielleicht nicht die richtige, um die tief liegenden Kartoffeln auszubuddeln.

2. Einen Platz in der Therapie zu bekommen, ist so schwierig wie der Kampf um einen guten Kindergartenplatz. Du musst nicht mit Kuchen vor der Tür stehen (was bei der Kindergartenplatzsuche übrigens hilft), aber du musst deutlich machen, dass es dir ernst ist. Wenn auf deine Mailanfrage keine Antwort kommt, schreib noch mal. Und noch mal. Wenn deine Nachricht auf dem Anrufbeantworter keinen Rückruf nach sich zieht, geh ausnahmsweise vom Schlimmsten aus. Vielleicht ist der AB kaputt oder der Rezipient ins Koma gefallen. Bleib dran, auch wenn du das Gefühl hast, du nervst! Ich finde, dass du frühestens nach fünf oder sechs Malen ans Aufhören denken darfst.

3. Nicht immer übernimmt die Krankenkasse die Kosten. Manche Praxis hat gar keine Krankenkassenzulassung für die gesetzliche Versicherung. Wenn es irgendwie geht und du das Gefühl hast, ihr passt gut zusammen, dann versuche, die Stunden möglich zu machen. Kauf dir deine Heilungshilfe. Leih dir das Geld dafür oder erstelle mit der Praxis einen Finanzierungsplan. Es ist das bestinvestierte Geld deines Lebens.

4. Widerstand ist gut. Wenn du das Gefühl hast, wütend auf deine Therapeutin oder den Therapeuten zu sein, dann kann das ein Zeichen dafür sein, dass an der richtigen Stelle gebohrt wird. Wenn etwas Widerwillen in dir auslöst, dann möglicherweise deshalb, weil du nun alte Glaubenssätze oder Muster zur Bearbeitung freigibst. Und das fühlt sich immer ein wenig an wie Geburtsschmerz.

5. Es wird erst schlimmer, bevor es besser wird. Für gewöhnlich fällt man zu Beginn einer guten Therapie in ein Loch. Manche Menschen sind auch so emotional blockiert, dass man ihnen erst ein Loch buddeln muss, damit sie merken, wie tief sie in der Kacke stecken. Egal, welches von beiden es ist: Dass sich alles noch schwerer anfühlt, weil der ganze Staub aufgewirbelt wird, ist leider normal.

Gute Therapiebegleitung hat immer etwas mit dem Patienten und dessen Gefühlen zu tun, nichts mit denen des therapeutischen Profis. Es kommt offenbar häufiger vor, dass Therapeuten plötzlich anfangen, ihre eigenen Storys zu erzählen oder Erzähltes persönlich zu nehmen. Solche No-Gos erlebst du, wenn dein Therapeut oder Therapeutin

- ✼ während des Gesprächs tief und fest einschläft. Das kommt leider häufiger vor, als man es sich vorstellt und ist eine absolute Unverschämtheit.
- ✼ währenddessen etwas anderes notiert, zum Beispiel eine Einkaufsliste oder Blümchen malt.
- ✼ dir ein bestimmtes religiöses Weltbild aufdrücken will oder, schlimmer noch, deinen mangelnden Glauben als Ursache deiner Probleme ausmacht.
- ✼ eine romantische Beziehung oder Sex mit dir anstrebt.
- ✼ sich deine sexuellen Erlebnisse gerne in aller Ausführlichkeit erzählen lässt. Um mögliche Muster zu erkennen. Ja, aber dann reicht eine grobe Ausführung dessen, was du warum attraktiv gefunden hast.

* niemals nach deiner Kindheit fragt und andere offensichtliche Probleme einfach ignoriert. Einer jungen Frau aus meinem Podcast wurde einmal geraten, sich die Haare lang wachsen zu lassen, damit sie sich Männern gegenüber besser fühlen würde – nachdem sie ihm von Missbrauchserfahrungen erzählt hatte.
* deine Gefühle, Ängste und Sorgen nicht ernst nimmt.
* dich in eine für ihn passende Box steckt und dort für den Rest der Therapie lässt.
* dir Schuldgefühle einredet.

Gute Therapeuten sind ein Geschenk fürs Leben. Und das Leben ist ein Prozess, eine Richtung, kein Ziel. Vergiss bitte niemals, dass deine Wunden die Öffnungen für die schönsten und besten Teile in dir sind.

Alles Liebe
deine Paula

Natürlichkeit zieht an!

Hemmungslos, sexy und irre witzig!

Paula Lambert, Deutschlands berühmteste Sexkolumnistin, führt uns durch das unübersichtliche Dickicht der Liebhabertypen: Wanderer, Exoten, Hochleistungssportler, Winzlinge, Rammler, Fetischisten und was da sonst noch alles draußen frei herumläuft. Wer mit ihr auf die Pirsch geht, wird nicht nur den einen oder anderen alten Bekannten wiedertreffen, sondern ganz nebenbei auch die wichtigsten Tipps und Tricks im Umgang mit den gängigsten Lover-Typen erfahren. Auch, wie man die Kerle wieder loswird. So hemmungslos und komisch zugleich hat lange keine Frau mehr über Sex geschrieben!

ISBN 978-3-453-60147-5
Auch als E-Book erhältlich

HEYNE ‹

Jayne Hardy
Franziska Muri

Der sanfte Weg zu Selbstliebe, Resilienz und Lebensfreude

978-3-453-70365-0

978-3-453-70405-3

Leseproben unter **www.heyne.de**